Folker Kraus-Weysser

Motorradtouren in Südfrankreich

Folker Kraus-Weysser

Motorradtouren in Südfrankreich

STEIGER

Der Autor:
Folker Kraus-Weysser lebt als freier Journalist abwechselnd in Köln und der Provence. Die Straßen seiner südfranzösischen Heimat erkundet der begeisterte Motorradfahrer seit über 30 Jahren. Von Folker Kraus-Weysser erschienen im Steiger Verlag bereits die Autotypenbücher **New Beetle, Audi TT** und **Smart.**

Die Deutsche Bibliothek – CIP-Einheitsaufnahme
Ein Titeldatensatz für diese Publikation ist bei
Der Deutschen Bibliothek erhältlich

Gedruckt auf chlorfrei gebleichtem Papier.

Steiger Verlag München 2000

Lektorat: Evelyn Köhler, München
Kartografie: Theiss Heidolph, Eching
Satz: satz-studio gmbh, Bäumenheim
Reproduktion: Mayr Reprotechnik GmbH, Donauwörth

Bildnachweis:
Bavaria Bildagentur, Gauting: 3 (Nägele), 11 (VCL), 29 (Irish), 35 (VCL), 37 (Picture Finders), 49 (Liedtke), 77 (M. u. H.), 79 (Beutel), 95 (Bognar), 99 (VCL); BMW Media Pool: Einbandrückseite, 15, 23, 28, 42, 48, 60, 88, 94; Dr. M. Hartmann: 8; Folker Kraus-Weysser: 110; Mauritius, Mittenwald (Lehn): Einbandvorderseite; Eberhard v. Puttkamer: 9; Schmidtbauer: 14, 24, 36, 40, 41, 45, 46, 51, 104–107; mit freundlicher Genehmigung von Sopexa, Düsseldorf: 53, 57, 59, 62–66, 71, 76, 90, 92/93; Peter Vann: 10, 16–22, 30–33, 52, 54/55, 69, 74, 80–87, 91, 97, 102/103.

Printed in Germany
ISBN 3-89652-216-7

Inhalt

FRANKREICH
Alés
16
Nîmes
Albi
Tarn
St. Gilles
Montpellier
Béziers
15
Carcassonne
Lavelanet
20
Perpignan
ANDORRA
Mont Louis
SPANIEN

ITALIEN
Durance
13
12
10
ont-
. Esprit
Vaison-la-
Romaine
Mornas
Sault
Beaumes
de Venise
agnols-
Cèze
Orange
Carpentras
9
1
14
Avignon
Fontaine
de Vaucluse
Apt
Manosque
Castellane
6
Monaco
Nice
8
Cavaillon
17
Verdon
Comps-
s-Artuby
Arles
18
Durance
11
Salon-de-
Provence
3
Cannes
7
Aix-en-
Provence
Pourrières
Fréjus
St. Raphaël
2
5
4
Salin-de-
Giraud
Marseille
Pignans
St. Tropez
La Ciotat
19
Toulon
Le Lavandou
MITTELMEER

Vorwort

Südfrankreich, so glauben viele Nichtfranzosen, sei gleichbedeutend mit der Provence. Doch das halbe Dutzend der südlichen Departements ist mehr als nur die sonnendurchglühte Küstenregion. Das klassische Südfrankreich reicht von den Pyrenäen am Übergang nach Spanien bis zu den Seealpen an der italienischen Grenze. Unmittelbar hinter der Côte d'Azur steigen die Berge schnell auf über 2000 Meter über dem Meer an. Doch auch im sonnigen Zentrum um Avignon, Arles oder Nîmes sind häufig faszinierende Berg- und Kurvenfahrten geboten. Gelegentlich ist man versucht, den großen Routen zu folgen, den während der letzten Jahre gut ausgebauten Schnellstraßen. Aber sie führen abseits an den kleinen Orten, an den malerischen und von geschichtlicher Bedeutung geprägten Dörfern vorbei.

Ich lebe seit über dreißig Jahren in der Provence. In der Regel meide ich die touristisch geprägte Côte d'Azur mit ihrem hektischen und internationalisierten Lebensstil. Ich bevorzuge die kleinen, kurvenreichen Straßen, auf denen man den richtigen Motorradspaß finden kann, und die Dörfer, die gleich Vogelnestern auf den Bergkuppen sitzen. Das hat freilich einen Nachteil: Es gibt immer wieder Probleme mit den Straßenbezeichnungen. Vor allem in den touristisch interessanten Regionen entsteht fortgesetzt ein Netz von neuen Straßenverbindungen. Als Folge werden Departementstraßen, am „D" erkennbar, zu Nationalstraßen („N") erhoben – und umgekehrt. Es ist fast unmöglich, solche Veränderungen fortwährend aktuell nachzuvollziehen. Deshalb wurde die Routenführung in diesem Buch vornehmlich an Orten orientiert. Und um die tägliche Suche nach Übernachtungsmöglichkeiten – zumal in den Urlaubswochen ein oft mühsames Unterfangen – zu erleichtern, wurden zahlreiche Touren als Rundfahrten geplant.

Sie führen häufig durch interessante Felsschluchten, Gorges genannt, und über Pässe, die mit 300 oder 500 Metern Höhe kaum diesen Namen verdienen, aber während der kalten Jahreszeit vom Wintereinbruch bedroht sind. Denn das Wetter spielt auch in der Provence eine entscheidende Rolle. Die Sonne ist ebenso erbarmungslos wie der kalte Mistral. Motorradtouren müssen deshalb sorgfältig vorbereitet werden.

Und noch ein Wort über die Menschen. Provenzalen vermitteln auf den ersten Blick einen eher mürrischen, zurückhaltenden Eindruck. Doch hinter der rauen Schale verbirgt sich ein leutseliger und sogar gesprächiger Menschenschlag, der sich stets als hilfsbereit erweist. Für diese Leute macht es wenig Unterschied, ob einer im teueren Mercedes daherkommt oder in der Lederkombi vom Motorrad steigt. Man sollte ihnen – nicht nur deshalb – ebenso aufmerksam begegnen wie beispielsweise dem Wetter oder der unvergleichlich schönen Landschaft.

Folker Kraus-Weysser

Das Roadbook

Das Roadbook dient der schnellen Orientierung an den entscheidenden Punkten der Tour, an Kreuzungen und in Orten. Das Roadbook können Sie z. B. in einer Klarsichthülle auf dem Tank oder in speziellen Roadbook-Haltern transportieren, die Sie in vielen Fachgeschäften für Motorradzubehör erhalten. Zu diesem Zweck liegt dem Buch das Roadbook auch in Form eines Leporellos bei.

Ein kurzer Blick während der Fahrt auf Ihr Roadbook genügt Ihnen, um die richtige Abzweigung zu erkennen oder um festzustellen, ob der nächste Ort eine Besichtigung wert ist.

Im „Kopf" des Roadbooks finden Sie allgemeine Informationen: die Nummer der Tour, die angefahrenen Regionen, vor allem aber das geeignete Kartenmaterial.

Das Roadbook selbst gliedert sich in fünf Spalten:

Die Spalte **Nr/km** nummeriert die Positionen, d.h. alle aufgeführten Kreuzungen, und zeigt Ihnen die Entfernung zwischen dieser und der vorherigen Roadbook-Position.

Die Spalte **Road** nennt die Straße, auf der Sie sich zur Zeit befinden.

Die Spalte **Position** nennt den Ort, an dem Sie sich befinden.

Die Spalte **Richtung** zeigt Ihnen, in welche Richtung Sie an dieser Position fahren müssen.

Die Spalte Information gibt Ihnen zusätzliche Hinweise zu der Position, an der Sie sich befinden, z.B. Übernachtungsmöglichkeiten, Sehenswürdigkeiten oder Varianten, die sich abseits der Hauptroute anbieten.

Um den Überblick zu erleichtern, wurden folgende Abkürzungen und Piktogramme verwendet:

<20 km> = Streckenlänge hin und zurück

[XI–V] = Monatsangaben für Sperrungen der Pässe

= In diese Richtung geht es weiter

= Panoramablick

= Reizvoller Blick/Besichtigung

V = Variante zur Hauptroute

A = Abstecher

16 = Straßennummer

Biker = Bikerfreundlich, Bikertreff

= Günstig übernachten

= Sehenswert

! = Achtung – Vorsicht

Das Roadbook dient der schnellen Orientierung an Kreuzungen. So bleibt Zeit zum genussvollen Fahren und Schauen.

1 In die Seealpen oberhalb von Monte Carlo: von Monaco über St. Martin-Vésubie nach Nizza

Ausgangsort
Monaco

Zielort
Nizza (Nice)

Gesamttourenlänge
Rund 180 km

Zeitbedarf
1 Tag

Anschluss
Tour 18 in Nizza

Sehenswertes
Côte d'Azur zwischen Monaco und Nizza, Bergstrecke der Rallye Monte Carlo mit Col de Turini, Ausflugsort St. Martin-Vésubie, Bergschluchten Gorges du Piaon, Gorges de Valabres, Gorges de Tinée und Gorges de la Vésubie. Rundfahrt durch die Hochprovence (Alpes-de-Haute-Provence) im Hinterland der Côte d'Azur, eine Bergwelt, die im Winter als schneereiches Skigebiet, im Sommer als Ausflugsregion beliebtes Ziel ist. Kleine, romantische Dörfer, herrliche Landschaft mit Aussicht auf Zweitausender und das Mittelmeer.

Kurzbeschreibung
Von Monaco am Meer entlang nach Menton, dort nordwärts in die Berge nach Sospel und über den Col de Turini (Etappe der Rallye Monte Carlo) nach La Bollène-Vésubie und St. Martin-Vésubie. Über den Col St. Martin geht es nach La Bollinette, Pont-de-Clans und Plan-du-Var. Dort durch die Gorges de la Vésubie und schließlich über St. Jean-la-Rivière und Levens nach Nizza.

Frankreichs südöstlichste Ecke gilt als besonders attraktiv. Doch aus Motorrad-Perspektive sind weniger die Sandstrände und Edel-Hotels der Côte d'Azur von besonderem Reiz als vielmehr das bergige Hinterland mit den kurvenreichen Straßen und vielen idyllischen Dörfern. Von Monaco geht es auf der N 559 am Meer entlang in Richtung Menton. In Monte Carlo am Monte-Carlo-Beach vorbei nach Cabbé. Rechts verläuft die Eisenbahnlinie, die kurz vor Cap Martin die Straße überquert. Dort auf die D 52 nach Cap Martin. Am Hotel Cap Martin eine Spitzkehre der Küstenlinie folgend nach Menton. Dort unmittelbar vor dem Casino links abbiegen: Wenn Sie die Stadtmitte und den Hafen erreicht haben, sind Sie zu weit gefahren! Richtig ist: Bevor die D 52 in die Promenade du Soleil übergeht, liegt links das Casino. Dort links abbiegen und 50 Meter bis zu N 7. Rechts abbiegen auf die N 7 und nach weiteren 50 Meter wieder links in Richtung Sospel auf der N 566.

Typische Landschaft in der Hochprovence.

Blick auf die Hafenstadt Menton an der Côte d'Azur. Direkt dahinter geht es in die Seealpen.

Menton ist durch ein überaus mildes Klima gekennzeichnet. Reizvoll ist die Altstadt. Der Allround-Künstler Jean Cocteau lebte hier ab 1937 und hat unter anderem den Hochzeitssaal des Rathauses ausgemalt (Cocteau-Museum im Fort aus dem 17. Jh.).

Auf der gut ausgebauten, aber zunehmend kurvigen N 566 überqueren wir die Esterel-Autobahn und passieren den rund 1300 Meter hohen Mont Razet. Sospel ist das erste Etappenziel. Die Stadt liegt zu beiden Seiten des Flusses Bévéra. Im Palais Ricci ließ Napoleon 1809 den Papst Pius VII. gefangen setzen. Etwas seltsam wirkt das 1932 fertig gestellte Fort St. Roch, ein ausgedehntes Festungswerk mit unterirdischen Anlagen, in denen man drei Monate ohne Nachschub ausharren konnte.

Die Berge erreichen schnell eine beträchtliche Höhe: Der Mont Touru ist 2085, der Mont Chalanche

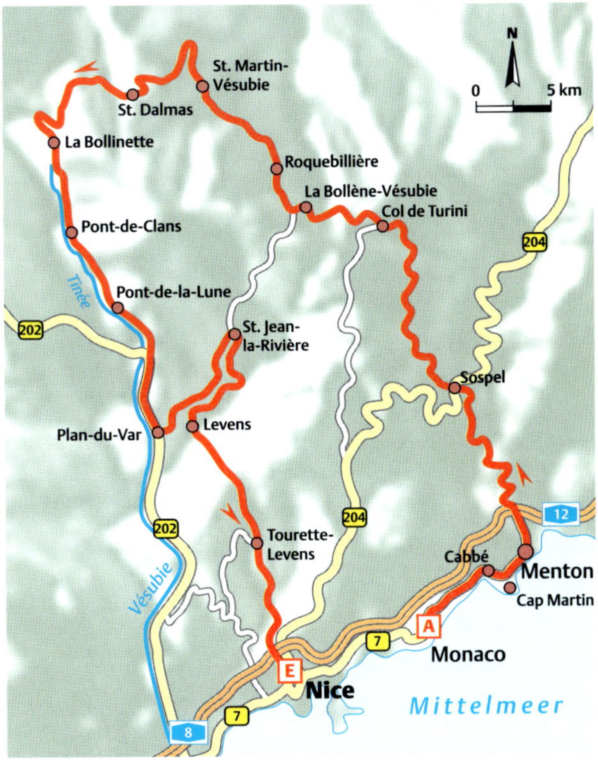

1 In die Seealpen oberhalb von Monte Carlo

Motorradtouren in Südfrankreich

Region: Côte d'Azur – Seealpen
Etappe: Monaco – Menton – St. Martin-Vésubie – Nizza
Karten: Michelin 84

Nr/km	Road	Position	Richtung	Information
1 / 6	N 559	Monaco	Menton	Hotel Olympia, Monaco, 17, av. Général Leclerc, Tel. 04 93 78 12 70
2 / 3	D 52	Cabbé	Cap Martin	
3 / 4	D 52	Cap Martin	Menton	
4 / 0,5	D 52		Verbindungsstr. D 52 / N 7	
5 / 0,5	N 7		Menton	Hotel Amirauté, Menton, 3, porte de France, Tel. 04 93 35 59 41
6 / 19	N 566	Menton	Sospel	Nach Norden abbiegen
7 / 25	N 566	Sospel	Gorges du Piaon / Col de Turini	
8 / 15	D 70	Col de Turini	La Bollène-Vésubie	Mont l'Aution Grand Hotel du Parc, La Bollène-Vésubie (an der D 70), Tel. 04 93 03 01 01
9 / 3	D 70	La Bollène	N 565 / St. Martin-Vésubie	
10 / 4	N 565	Roquebillière	St. Martin	
11 / 12	N 565	St. Martin	St. Dalmas	
12 / 4	N 565	St. Dalmas	La Bollinette	Gorges de Valabres, St. Etienne-de-Tinée
13 / 11	N 205	La Bollinette	Pont-du-Clans	
14 / 6	N 205	Pont-du-Clans	Pont-de-la-Lune	Tournefort, Villars-sur-Var
15 / 6	N 205	Pont-de-la-Lune	N 202	Tinée-Schlucht
16 / 7	N 202		Plan-du-Var	Défilé du Chaudan
17 / 10	N 565	Plan-du-Var	St. Jean-la-Rivière	Gorges de la Vésubie

2098 und der Mont Caire Gros 2088 Meter hoch. Hier beginnt eine Teilstrecke der berüchtigten Bergprüfung der Rallye Monte Carlo, der wir zunächst durch die Schluchten Gorges du Piaon, vorbei an der Kirche Notre Dame de la Menour, zum 1600 Meter hohen Col de Turini mit seinen tückischen Kurven folgen. Kurz hinter der Passhöhe besteht die Gelegenheit für einen Abstecher über die D 68 zum Mont l'Aution, der mit annähernd 1900 Meter eine herrliche Aussicht sowohl nordwärts in die Voralpen als auch südwärts auf das Mittelmeer bietet. Doch Vorsicht: Die kleine Straße ist wirklich sehr eng, außerdem schlecht befestigt und wegen der meist winterlichen Wetterverhältnisse zwischen November und April gesperrt. Wir kehren zurück zu unserer Route, die über die D 70 nach La Bollène-Vesubie führt. Neben der Kirche mit einer Marienstatue aus dem 13. Jahrhundert die Place de la Frairie mit Blick auf die benachbarten Zweitausender. Wir wechseln auf die N 565 und erreichen im Flusstal der Vésubie den bekannten Ausflugs- und Wintersportort St. Martin-Vésubie. Von hier sind es nur noch wenige Kilometer in Richtung Le Boréon nach Italien. Vorsicht an der Ortsausfahrt von St. Martin: Man gerät leicht auf die parallel verlaufende D 89. Der Col St. Martin ist nur etwa 1500 Meter hoch, doch die Serpentinenstrecke hinter St. Dalmas im Tal der Valdeboré und der Blick auf den 2250 Meter hohen Balme de la Frema vermittelt echtes „Hochgebirgsgefühl". Ab Bollinette geht es über die N 205 entlang dem Flusslauf der Tinée.

Nr/km	Road	Position	Richtung	Information
18 / 13	D 19	St. Jean-la-Rivière	Levens	Wasserfälle; Hotel Vigneraie, route St. Blaix, Tel. 04 93 79 70 46
19 / 10	D 19	Levens	Tourette-Levens	Hotel Harvey, Nizza, 18, av. de Suède, Tel. 04 93 88 73 73
20 / 13	D 19	Tourette-Levens	Nizza	Anschluss an Route 18; Bed-and-Breakfast: M. Karim Tamzali, Nizza, 10, rue Barla, Tel. 04 93 55 88 55

Wer die etwa 30 Kilometer nordwärts nach St. Etienne-de-Tinée nicht scheut, kommt in ein Gebiet mit zahlreichen landschaftlichen Attraktionen wie die Gorges de Valabres oder die auf dem 2860 Meter hohen Ciene de la Bouette gelegene Aussichtsplattform mit Fernsicht bis Italien. Wer Zeit und Lust hat, kann auch von der N 205 bei Pont-de-Clans nach rechts auf die kleine D 26 abbiegen, die auf landschaftlich reizvoller Route nach Tournefort und Villars-sur-Var und von dort auf der N 202 zurück zur Strecke führt.

Hinter Pont-de-la-Lune wird die N 205 durch die Gorges de Tinée und im anschließenden Steiltal der Var durch die Felswände des Défilée du Chaudan bestimmt: Nach der Schlucht eine Unterführung, dann von der N 205 nach links abbiegen auf die N 202. In Plan-du-Var biegen wir nach Osten ab auf die N 565 und erreichen die Gorges de la Vésubie und damit eine der größten Attraktionen der südfranzösischen Bergwelt. Die Aussichtsplattform „Saut de France" liegt mehr als 300 Meter oberhalb des Flusses und trägt ihren Namen aus der Zeit der Französischen Revolution, als politisch Abtrünnige zum Sprung in den Abgrund gezwungen wurden.

Auf dem Scheitelpunkt der Schlucht bietet sich in St. Jean-la-Rivière die Möglichkeit für einen weiteren Ausflug: D 32 und D 132 führen zum rund 1200 Meter hohen Madone d'Utelle mit herrlicher Rundsicht, wobei die Serpentinenfahrt mehr Spaß bereitet als das Panorama. Zurück in St. Jean, führt die D 19 über Levens und Tourrette entlang dem Flüsschen Gabre nach Süden. Bei Falicon erreichen wir zum Abschluss noch eine weitere Schlucht, bevor auch schon die ersten Vororte von Nizza auftauchen.

Auskunft
Nizza, Städtisches Tourismusbüro (auch für Auskünfte über Wetterverhältnisse):
5, promenade des Anglais
Tel. 04 92 214 48 00

Service-Stationen
Menton: Ets. Veran
4, route de la République
Tel. 04 93 35 78 71

Nizza: Aigle Moto
18, rue Dante
Tel. 04 93 86 93 46

St. Martin: Total, RD 2565
Tel. 04 93 03 23 21

Übernachtungen
Hotel Olympia
Monaco
17, av. Général Leclerc
Tel. 04 93 78 12 70

Hotel Amirauté
Menton
3, porte de France
Tel. 04 93 35 59 41

Grand Hotel du Parc
La Bollène-Vésubie
(an der D 70)
Tel. 04 93 03 01 01

Hotel Vigneraie
route St. Blaix
Tel. 04 93 79 70 46

Hotel Harvey
Nizza
18, av. de Suède
Tel. 04 93 88 73 73

Bed-and-Breakfast
M. Karim Tamzali
Nizza
10, rue Barla
Tel. 04 93 55 88 55

Wetter
Schneefreie Pässe (z. B. Col de Turini) sind nur vom späten Frühjahr bis zum frühen Herbst gesichert (Erkundigungen siehe Auskunft; außerdem über die zentrale Wetterauskunft, siehe Seite 111).

Der gute Rat
Euroschecks sind in Frankreich nahezu unbekannt. Bezahlt wird in der Regel mit Kreditkarte – auch die Autobahngebühr.

2 In das Massif de la Sainte Baume: von Toulon über La Roquebrussanne nach La Ciotat

Ausgangsort
Toulon

Zielort
La Ciotat

Gesamttourenlänge
Rund 170 km

Zeitbedarf
1 Tag

Anschluss
Tour 19 bei Cassis

Sehenswertes
Toulon: Hafenstadt mit Altstadt, Uferpromenade, Museen. La Ciotat : Parc du Mugel (seltene Pflanzen). Cassis: Bar de la Marine (5, quai des Baux): Hier wurden zahlreiche Szenen von Marcel-Pagnol-Filmen gedreht. Zwischen Cassis und La Ciotat an der D 141 Europas höchster Küstenfelsen (416 m). Rundfahrt um das Massif de la Sainte Baume der Hochprovence mit dem Zentralberg St. Pilon. Rennstrecke Le Castellet mit Fahrerschule Windfield, Ausstellung futuristischer Renault-Fahrzeuge.

Kurzbeschreibung
Von Toulon am Meer entlang nach Cassis, dort abbiegen in das Massif de la Sainte Baume zum Col de l'Ange, dann nach Coulin und Gémenos. Über den Roque Forcade nach Le Logis-de-Nans mit Ausflug zum höchsten Berg St. Pilon. Über La Roquebrussanne, Méounes-les-Montrieux und Le Camp-du-Castellet nach La Ciotat am Meer.

Frankreichs wichtigster Mittelmeer-Kriegshafen Toulon ist der Ausgangspunkt dieser Tour, die ins Hinterland durch und um das Massif de la Sainte Baume führt. Von den Römern gegründet und seither immer wieder, etwa im 17. Jahrhundert zu der Zeit der großen Galeerenschiffe, von großer Bedeutung, weist Toulon viele Sehenswürdigkeiten auf: allen voran die Altstadt, der Fischmarkt und die mehr als tausend Jahre alte Kathedrale. Den Weg zur Ausflugsroute findet man am einfachsten, indem man den Wegweisern in die Vorstadt La Seyne und dann nach Six-Fours-la-Plage auf der N 559 westwärts folgt. Über Sanary-sur-Mer, Bandol und Les Lecques geht es nach Cassis. Hier sind vor allem die „Calanques" genannten Fjorde der zerklüfteten Küstenlinie von Interesse (siehe Tour 19). Unsere Route biegt indessen von der N 559 auf die D 1 nach

Von Toulon bis Nizza wechseln sich Sandstrände mit Felsenküste ab.

Die Bergstraßen sind meist gut ausgebaut und stellen überwiegend mäßige Ansprüche an fahrerisches Können.

Norden ab, wobei man der guten Ausschilderung nach La Bedoule folgen sollte. Nach etwa einem Kilometer überqueren wir die Eisenbahnlinie, dann folgt bei Les Fourniers ein Parkplatz mit Aussichtsterrasse, und schließlich überqueren wir die N 559 A. Unser erstes Ziel ist der Col de l'Ange, mit nur etwas über 200 Meter Höhenlage recht harmlos. Hier biegen wir westwärts in die N 96 ein, der wir bis Gémenos folgen, um dann auf die D 2 nach Norden abzubiegen. In engen Serpentinen geht es über den Col de Roque Forcade auf rund tausend Meter Höhe und jenseits der Ortschaft Coutronne über die D 45 ebenso steil auf 200 Meter wieder abwärts. Auriol ist der nächste Ort,

2 In das Massif de la Sainte Baume

Motorradtouren in Südfrankreich

Region: Côte d'Azur – Massif de Baume
Etappe: Toulon – Cassis – La Roquebrussanne – La Ciotat
Karten: Michelin 84

Nr/km	Road	Position	Richtung	Information
1 / 15	N 559	Toulon	Bandol	Nouvel Hotel, Toulon, 224, bd. Tessé, Tel. 04 94 89 04 22
2 / 18	N 559	Bandol	La Ciotat	
3 / 10	N 559	La Ciotat	Cassis	Hotel Corniche, La Ciotat / Vorstadt Liouquet (D 559), Tel. 04 42 08 12 20
4 / 13	D 1	Cassis	Aubagne / Col de l'Ange	Hotel Grand Jardin, Cassis, 2, rt. P. Eydin, Tel. 04 42 01 70 10
5 / 1	D 1	Kreuzung D 3 / D 1	Aubagne	
6 / 4	N 8	Col de l'Ange	Aubagne	
7 / 4	N 96	Julhans	Gémenos	
8 / 16	D 2	Gémenos	Coutronne	Col de Roque Forcade / Serpentinen; Parc-Hotel, Gemenos, Vallée St. Pons (D 2), Tel. 04 42 32 20 38
9 / 11	D 45	Coutronne	Auriol	
10 / 17	N 560	Auriol / Le Pujol	St. Zacharie	Hotel Commerce, Auriol, Tel. 04 42 04 70 25
11	N 560	Le Logis-de-Nans	Rougiers A	St. Pilon A
12 / 3	N 560	Rougiers	D 64	
13 / 26	D 64	Kreuzung N 560 / D 64	Mazaugues	
14 / 6	D 64	Mazaugues	La Roque-brussanne	
15 / 8	D 5	La Roque-brussanne	Méounes-les-Montrieux	Auberge de la Lobe, La Roquebrussanne, Tel. 04 94 86 81 36

Die Fahrt in das Baume-Massiv führt auf eine malerische Hochebene.

2 In das Massif de la Sainte Baume

Nr/km	Road	Position	Richtung	Information
16 / 20	D 2	Méounes-le-Montrieux	A Le Camp-du-Castellet	D 202 zur Abtei Montrieux A
17 / 8	D 2	Le Camp-du-Castellet	A La Bégude	Zur Rennstrecke Le Castellet Hotel-Restaurant Castel Lumière, Le Camp-du-Castellet, 1, route Portail, Tel 04 94 32 62 20 (unbedingt reservieren!) A
18 / 2	D 3	La Bégude	Ceyreste	
19 / 5	D 3	Ceyreste	La Ciotat	

Auskunft
Toulon:
Office de Tourisme
pl. J. Raimu
Tel. 04 94 18 53 00

Cassis: Office de Tourisme
pl. Baragnon
Tel. 04 42 01 71 17

La Ciotat:
Office de Tourisme
bd. A. France
Tel. 04 42 08 61 32

Gémenos:
Office de Tourisme
cours Pasteur
Tel. 04 42 32 18 44

Auriol: Syndicat d'initiative
quai de Huveaune
Tel. 04 4204 70 61

Service-Stationen
Hyères: Hyères Moto,
22, avenue Edith Cawell
Tel. 04 94 57 52 16

La Roquebrussanne: Elf
D 5
Tel. 04 94 86 94 92

Toulon: Motard Service
282, bd. L. Bourgeois
Tel. 04 94 03 94 04

Übernachtungen
Nouvel Hotel
Toulon
224, bd. Tessé
Tel. 04 94 89 04 22

Hotel Grand Jardin
Cassis
2, rt. P. Eydin
Tel. 04 42 01 70 10

Hotel Corniche
La Ciotat/ Vorstadt
Liouquet (D 559)
Tel. 04 42 08 12 20

Parc-Hotel
Gémenos
Vallée St. Pons (D 2)
Tel. 04 42 32 20 38

Veranstaltungen
Ende Mai/Anfang Juni: Grand Prix für LKW; zweite oder dritte September-Woche: Bol d'Or.

Wetter
Bei den Tourismusbüros zu erfragen; außerdem über die Wetterauskunft, siehe Seite 111. Die Bergstraßen sind nur zwischen spätem Frühjahr und frühem Herbst schneefrei.

wo wir auf die N 560 treffen, die in Richtung Osten nach Le Logis-de-Nans führt, wo die Möglichkeit für einen Abstecher über die D 80 zum Zentralberg des Baume-Massivs, dem 994 Meter hohen St. Pilon, besteht. Die Aussicht reicht an klaren Tagen bis zum Mittelmeer und nach Westen bis nach Marseille.

Wieder an der N 560 zurück, muss man darauf achten, in Richtung Rougiers auf die D 1 einzubiegen. Etwa zwei Kilometer nach Rougiers zweigt an einer einsamen Kreuzung die D 64 nach Süden ab. Merkmal ist der weiße Staub der nahen Bauxit-Minen, der die ganze Landschaft seltsam farblos erscheinen lässt. Über Mazaugues und La Roquebrussanne erreichen wir die D 5, die nach etwa vier Kilometern in die N 554 und nach weiteren zwei Kilometer in die D 2 übergeht. Um auf die Formel-I-Rennstrecke von Le Camp-du-Castellet zu kommen, biegen wir etwa 20 Kilometer weiter nach links auf die D 402 ab, fahren zunächst durch einen Wald, dann rechts auf die N 8, an der rechter Hand das „Autodrome" liegt. Die gesamte Region ist vom Motorsport geprägt, das Städtchen Le Camp-du-Castellet ebenso wie die Nachbarorte. Deshalb ist es empfehlenswert, die Route über die D 2 und D 3 zurück zum Meer an Tagen besonderer motorsportlicher Ereignisse wegen der unvermeidlichen Staus zu meiden.

An der Rennstrecke lohnt sich ein Besuch der Fahrerschule ebenso wie des Museums mit wirklich seltenen Renault-Modellen. Auch das Modellbaumuseum ist mit seltener Liebe zum Detail aufgebaut.

Durch das Massif de l'Esterel: von St. Raphaël über Mons nach Fréjus

3

Ausgangsort
St. Raphaël

Zielort
Fréjus

Gesamttourenlänge
Rund 120 km

Zeitbedarf
Max. 1 Tag

Anschluss
Tour 18 bei Cannes

Sehenswertes
Fréjus: Altstadt, Amphitheater. Cap Roux: Observatorium auf dem Pic (452 m). Agay: Uferpromenade, von Guy de Maupassant als eine der schönsten der Welt beschrieben. Fayence: Königliche Fayencerie.

Kurzbeschreibung
Von St. Raphaël entlang dem Meer nach Agay, dort abbiegen in das Massif de l'Esterel mit zahlreichen Pässen. Auf kurvenreicher Strecke nach Mons. Dort südwärts nach Fayence und Fréjus. Zahlreiche Möglichkeiten für Abstecher von der Normalroute.

Die Doppelstadt Fréjus-St. Raphaël ist eines der Zentren der Côte d'Azur, durch das Esterel-Gebirge von der Region Cannes getrennt. Einige Kilometer in diese Richtung führt unser Ausflug, um dann weit ins Hinterland – fast bis zur historischen „Route Napoléon" – abzuschweifen.

St. Raphaël, ebenso wie Fréjus eine Gründung der alten Römer, ist terrassenförmig angelegt und verfügt mit der Kirche des Templer-Ordens aus dem 12. Jahrhundert über ein Bauwerk aus der gewalttätigen Epoche der mediterranen Geschichte. Auf der N 98 entlang der Küste erreichen wir zunächst das Städt-

Von den höher gelegenen Orten im Hinterland ergeben sich oft reizvolle Blicke.

Motorradtouren in Südfrankreich

Region: Côte d'Azur – Massif de l'Esterel
Etappe: St. Raphaël – Mons – Fréjus
Karten: Michelin 84

Nr/km	Road	Position	Richtung	Information
1 / 9	N 98	St. Raphaël	Agay	Hotel Sable et Soleil, Fréjus-St. Raphaël, 158 rt. P. Arène, Tel. 04 94 51 08
2 / 3	D 56	Agay	Valescure	Hotel France-Soleil, Agay, Tel. 04 94 82 01 93
3 / 1	RF	Kreuzung RF / D 56	V RF	V
4 / 4	RF	Kreuzung RF / RF	Perthus / Col du Suvières	
5 / 3	RF	Kreuzung RF / RF	N 7 / St. Jean	
6 / 3	N 7	Kreuzung RF / N 7	Fréjus	
7 / 4	D 237	Kreuzung N 7 / D 237	Les Adrets-de-L'Esterel	Auberge des Adrets, Les Adrets-de-L'Esterel, Restaurant mit einigen Gastzimmern, an der N 7, Tel. 04 94 40 36 24
8 / 3	D 837	Kreuzung D 237 / D 837	A Montauroux	Mont Vinaigre A
9 / 5	D 37	Überführung A 8-Autobahn	Montauroux	
10 / 4	D 37	Kreuzung D 38 / D 37	Montauroux	
11 / 4	D 37	Kreuzung D 562 / D 37	Montauroux	
12 / 2	D 37	Montauroux	Mons	
13 / 11	D 37	Kreuzung D 37 / D 96	Mons	
14 / 5	D 37	Kreuzung D 37/D 56/D 656	Mons A	Gorges de Siagne A
15 / 15	D 563	Mons	Fayence	
16 / 2	D 563	Fayence	St. Paul-en-Forêt A	Hotel Les Oliviers, Fayence, an der Straße nach Grasse (Quartier Ferrage), Tel. 04 94 76 13 12 A
17 / 5	D 4	Kreuzung D 4/D 563/D 562	St. Paul	

chen Boulouris mit dem Strand von Dramont, wo am 15. August 1944 die 36. amerikanische Division landete und zu Befreiung Frankreichs ansetzte. Weniger martialisch, doch landschaftlich ebenso reizvoll ist der Strand von Agay, den offenbar bereits die Griechen und Römer kannten, wie die vom Meeresgrund geborgenen Amphoren beweisen. Hier zweigt die D 56 nordwärts ab, gut ausgeschildert nach Valescure. Doch das ist nicht unser Ziel. Vielmehr biegen wir nach etwa einem Kilometer kurz vor einer kleinen Brücke rechts ab: Hier befinden wir uns auf einer der zahlreichen namenlosen Straßen, gut ausgebaut und asphaltiert, die einfach nur als „RF" bezeichnet werden, was „Route Forestière" (Waldweg) bedeutet. Nach einigen Kilometern eine kleine Kreuzung, an der wir links auf einen Waldweg in die Region Perthus und zum Col des Suvières abbiegen. Nach etwa vier Kilometer rechts ab auf einen weiteren Waldweg, der nach etwa drei Kilometer auf die N 7 trifft. Übrigens erreicht der Col du Suvières mit knapp 300 Meter über dem Meeresspiegel keineswegs alpine Bedingungen. Selbst der Mont Vinaigre, höchste Erhebung des Esterel-Gebirges, ist zwar für seinen Meerblick berühmt, aber mit gerade mal 618 Meter wahrlich kein Riese.

Gelegentlich sind die RF-Verbindungswege im Bergland wegen Waldbrandgefahr für den motorisierten Verkehr gesperrt. In diesem Fall müssen wir einen kleinen Umweg in Kauf nehmen: Von Agay auf der N 98 weiter nach La Napoule. Dort biegt die D 131 links ab und trifft nach etwa 550 Meter auf die N 7, der wir bis zur Kreuzung mit der D 237 folgen. Auf beiden Wegen gelangen wir also zu dieser Stelle.

Nr/km	Road	Position	Richtung	Information
18 / 7	D 4	St. Paul	↑ Bagnols-en-Fôret	
19 / 18	D 4	Bagnols	↑ Fréjus	A

Auf der D 237 geht es zunächst in Richtung Les Adrets-de-l'Esterel, dann kommt eine Kreuzung, an der wir rechts der D 837 folgen. Wer Lust hat für einen Ausflug zum Mont Vinaigre, fährt auf der D 237 weiter, überquert nach einigen Kilometern die N 7 und erreicht auf kurvenreichen Waldwegen den 618 Meter hohen Berg – und kann eine beeindruckende Aussicht genießen.

Unsere Normalroute führt allerdings auf der D 837 über die Esterel-Autobahn hinweg und schließlich am Ufer des Lac de St. Cassien entlang auf der D 37 nordwärts nach Montauroux. Der Ort besteht aus vielen Häusern des 17. und 18. Jahrhunderts. Der Blick ins Tal sowie hinüber zum benachbarten Schloss von Callian ist hier ebenso reizvoll wie einige Kilometer weiter, wo an der Brücke über die Siagnole die Fernsicht und die römischen Ruinen eine kurze Rast lohnen. Wer an der Kreuzung in der Spitzkehre auf der D 656 weiter fährt, kommt nach etwa sieben Kilometern auf der D 105 in die Felsenschlucht der Gorges de Siagne und ab St. Cézaire-s-Siagne auf die D 13 nach Grasse. Dies ist zwar ein schöner Ausflug, doch unsere Route führt auf der D 56 nach Mons. Die bereits aus vorchristlicher Zeit stammende Siedlung wurde laut alten Aufzeichnungen im Mittelalter durch die Pest vollständig entvölkert und später durch Zuwanderer aus Genua neu gegründet. Von der Place St. Sébastien reicht an schönen Tagen die Aussicht bis Korsika.

Auch Mons bietet die Möglichkeit für einen Ausflug: Nur 13 Kilometer weiter nördlich trifft man am Col de Valferrière auf die Route, die Kaiser Napoleon nach seiner Flucht von der Insel Elba wählte, um nordwärts zu marschieren und neue Truppen zu sammeln.

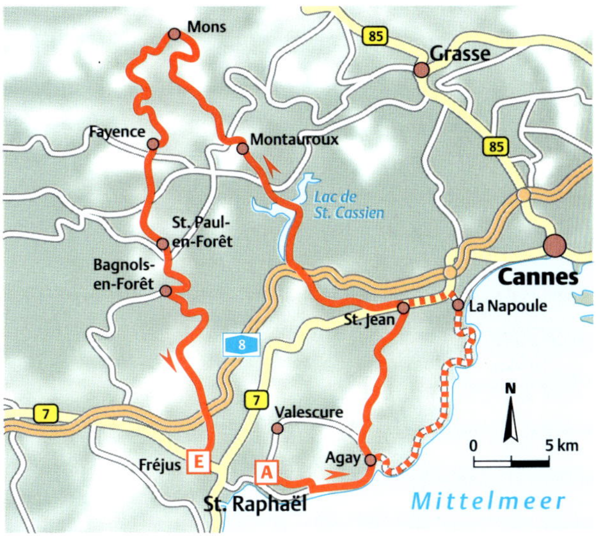

Wir wenden uns in Mons allerdings auf der D 563 nach Fayence. Interessant ist der Ort vor allem wegen der Töpfer, Bildhauer und Schnitzer, die sich hier niedergelassen haben und deren Arbeiten überwiegend aus heimischem Material wie Olivenholz und Kalkstein bestehen. Wenn man an der Kirche den Richtungspfeilen folgt, gelangt man zur ehemaligen Burg. Unter-

Vogelnestern gleich sitzen natürlich gewachsene Dörfer auf den Bergkuppen.

halb des Kirchplatzes liegt die kleine Altstadt. Wer Spaß an Kurvenstrecken hat, kann südlich von Fayence auf die D 19 nach Bargemon und weiter bis zur N 555 abbiegen, die in Nord-Süd-Richtung verläuft. Der Umweg lohnt sich, denn die N 555 führt durch die Gorges de Châteaudouble und endet in Draguignan. Die mittelalterliche Altstadt ist ebenso einen Besuch wert wie die sechs Reihen hundertjähriger Platanen der Allée d`Azémar. Knapp 30 Kilometer sind es noch bis Fréjus, etwa 70 Kilometer nach Toulon, bequem erreichbar über die Nationalstraßen 557 und 97.

Doch kehren wir zurück nach Fayence, um einen weiteren Ausflug zu unternehmen: Wieder geht es auf der D 563 nach Süden, am Flugplatz vorbei. Dann biegen wir westwärts in die D 562 nach Callas ab, einem Dorf, das sich um die alte Burg konzentriert. Weiter geht es nach Bargemon und über die D 25 zum fast 1000 Meter hohen Col du Bel-Homme. Nach einem Rundblick von der Passhöhe kehren wir nach Bargemon zurück und fahren auf der D 19 nach Fayence zurück und von dort weiter über St. Paul-en-Forêt und Bagnols-en-Forêt nach Fréjus.

Rechts: Bergfahrten in die Hochprovence erfordern auch im Sommer warme Kleidung.

Die auf einem Felsplateau entstandene Stadt lohnt eine Übernachtung, denn ihre über 2000-jährige Geschichte ist noch an vielen Stellen spürbar. So führte ein 40 Kilometer langes Aquädukt frisches Wasser aus der Gegend von Mons in das bereits 40 000 Einwohner zählende römische Fréjus. Die römischen Reste kann man besichtigen (etwa eine Stunde Dauer): Amphitheater, Zitadelle, Leuchtturm, Theater, Aquädukt. Auch die Altstadt zwischen der Place Formige im Süden und der Rue Jean-Jaures im Norden ist einen Spaziergang wert.

Wer sich indessen ein wenig für die französische Geschichte interessiert, kommt in Fréjus als Zentrum der Kolonialtruppen auf seine Kosten: Den für Frankreich kämpfenden vietnamesischen Soldaten ist die buddhistische Pagode Hon Hien gewidmet, die man auf dem Weg nach Nizza über die N 7 und die Avenue de Verdun erreicht. Das Denkmal der Indochina-Kriege steht an der D 4 in Richtung Fayence, ebenso die in sudanesischem Stil errichtete und den Senegalschützen gewidmete Missiri-Moschee.

Auskunft
Fréjus: Office de Tourisme,
325, rue J.-Jaures
Tel. 04 94 51 83 83

Les Adrets-de-l'Esterel:
Office de Tourisme
place de la Marie
Tel. 04 94 40 93 57

Montauroux:
Office de Tourisme
place du Clos
Tel. 04 94 47 75 90

Fayence: Office de Tourisme
place L. Roux
Tel. 04 94 76 20 08

Service-Stationen
Cagnes-sur-Mer: Total
RN 7 Coté Hyppodrome
Tel. 04 93 20 61 99

Fayence: Total
quartier St. Eloi
Tel. 04 94 76 03 03

Fréjus: Prestige Motocycle
rue des Moulins
Tel. 04 94 44 21 31

St. Raphaël: Patrick Moto
280, avenue Général
Leclerc
Tel. 04 94 53 65 99

Übernachtungen
Hotel Sable et Soleil
Fréjus-St. Raphaël
158 rt. P. Arène
Tel. 04 94 51 08

Hotel France-Soleil
Agay
Tel. 04 94 82 01 93

Auberge des Adrets
Les Adrets-de-L'Esterel
Restaurant an der N 7
mit einigen Gastzimmern
Tel. 04 94 40 36 24

Hotel Les Oliviers
Fayence
an der Straße nach Grasse (Quartier Ferrage)
Tel. 04 94 76 13 12

Wetter
Während der Wintermonate bis in das Früjahr und ab dem späten Herbst drohen auf den Bergstrecken winterliche Straßenverhältnisse. Zuverlässige Auskunft erteilen die Tourismusämter; außerdem nationales Wettertelefon, siehe Seite 111. Grundsätzlich ist die Tour nur während der Sommermonate zu empfehlen.

Der gute Rat
Die Markenhersteller haben – wie auch bei uns üblich – Frankreich mit einem Netz ihrer Service-Werkstätten überzogen. Doch anders als in Deutschland gibt es in Frankreich außerdem noch eine Vielzahl „freier" Werkstätten, die in aller Regel durchaus seriöse Arbeit leisten – und nicht selten preiswert sind.

4 In das Massif des Maures: von Le Lavandou über Vidauban nach Bormes-les-Mimosas

Ausgangsort
Le Lavandou

Zielort
Bormes-les-Mimosas

Gesamttourenlänge
Rund 150 km

Zeitbedarf
1 Tag

Anschluss
Tour 3 in Fréjus

Sehenswertes
Bormes: Romantischer Ort, Ursprung der Mimosengewächse. Cogolin: Pfeifenmuseum. La Garde-Freinet: Mit der Geschichte der Saraszenen während eines Jahrhunderts verbunden.

Kurzbeschreibung
Von Le Lavandou ins Massif des Maures. Über Bormes und zahlreiche Pässe nach Cogolin und Vidauban. Von dort wieder nach Süden, abermals über Pässe, nach Collobrières und Bormes.

Das Massif des Maures zählt zu den ältesten provenzalischen Gebirgsformationen. Hinsichtlich der Vegetation fallen Korkeichen, Erdbeerbäume und Zistrosen auf. Der Name geht auf maurische Piraten zurück, die sich im 9. Jahrhundert um Grimaud niederließen und erst nach fast einhundert Jahren vertrieben werden konnten, aber bis weit in das 18. Jahrhundert den Küstenstreifen immer wieder überfielen.

Ziemlich genau zwischen St. Tropez und Toulon liegt Le Lavandou, einer der schönsten Fischerhäfen der Küste, mit dem Massif des Maures als Hinterland. Die Nationalstraße 559 führt mitten durch die Stadt, wo die Avenue de Belgique nordwärts in Richtung Bormes-les

Grimaud ist eines der zahlreichen Dörfer mit neu errichteten touristischen Wohnanlagen.

Mimosas abzweigt, Ausgangspunkt für die Tagestour durch das bergige Hinterland. Auf der D 41 geht es kurvenreich zum Col de Caguo-Ven, wo auf der Passhöhe eine kleine Straße westwärts zum Col de Landon und Col de Barral abzweigt, um wenige Kilometer nach den Passhöhen auf die D 27 zu treffen. Col du Canadel heißen Pass und Straßenkreuzung, nur etwa 300 Meter hoch und etwa acht Kilometer von der nächsten Kreuzung entfernt, von der die N 98 nach Cogolin führt. Der Ort ist ein typisches Mittelmeerdorf, berühmt für die Tabakspfeifen, die hier seit über 200 Jahren gefertigt werden. In der Avenue Clemenceau kann man eine Pfeifenmanufaktur, am nahen Bv. Louis-Blanc die Teppich- und Stoffwirkereien besichtigen. Sehenswert ist im übrigen die Kirche St. Sauveur mit einem Renaissance-Portal und einer bemerkenswerten Barockplastik.

Aber kehren wir noch einmal zurück zum Col de Caguo-Ven, wo die „Route Forestière" nach Osten abzweigt: Solche mit „RF" auf den Landkarten bezeichnete Straßenverbindungen sind häufig wegen der Waldbrandgefahr gesperrt. Sollte dies der Fall sein, fahren wir auf der D 41 weiter nach Norden zum Col de Gratteloup (an der N 98) und von dort auf der N 98 über La Mole nach Cogolin – insgesamt etwa 24 Kilometer.

Auf der N 558 geht es nach Grimaud, einem „Fußgängerdorf" mit kleinen Straßen, Arkaden und einer Schlossruine, die einen Ausblick auf Berge und den Golf von St. Tropez gestattet. Der Name geht auf das monegassische Fürstenhaus zurück, von dem noch eine Burgruine oberhalb des Dorfes zeugt. Sehenswert ist die Rue de Templier und die Windmühle beim Friedhof. Nächste Station ist La Garde-Freinet, wo man sich von nichts weniger als der friedlichen, blumenreichen, oft blühenden Atmosphäre beeindrucken lassen kann, obgleich der Ort auf die kriegerischen Sarazenen zurückgeht, die in historischen Zeiten an dieser Küste vielfältig vertreten waren. Die ehemals starke Festung etwa fünf Kilometer nordwestlich des Ortes war die Basis der Raubzüge.

Wir folgen der D 75 zum Col de Vignon. Mehrfach wechselt die Straße die Bezeichnung – zunächst D 75, dann D 74, schließlich D 72. Bei Le Revest besteht die Möglichkeit für einen Ausflug über die D 44 zum Col de Gratteloup an der D 25 und von dort nordwärts in Richtung Le Muy zu den Gorges de Pennafort, einer eher malerischen als bergigen Strecke mit zahlreichen Weingütern, die einen vorzüglichen „Côtes de Provence" produzieren.

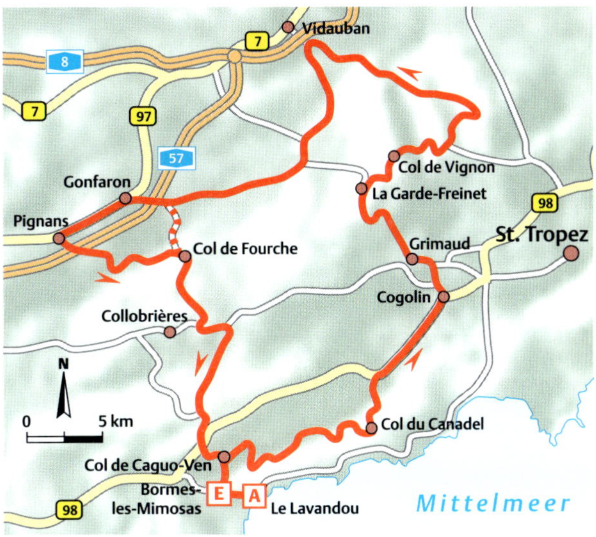

Motorradtouren in Südfrankreich

Region: Côte d'Azur – Massif des Maures
Etappe: Le Lavandou – Vidauban – Bormes-les-Mimosas
Karten: Michelin 84

Nr/km	Road	Position	Richtung	Information
1 / 4	D 41	Le Lavandou	Bormes-les-Mimosas	Hotel Petite Bohème, Le Lavandou, avenue F. Roosevelt, Tel. 04 94 71 10 30
2 / 4	D 41	Bormes	Col de Caguo-Ven	
3 / 22	RF	D 41 / Col de Caguo-Ven	Col de Canadel	Waldweg V
4 / 8	D 27	Col du Canadel	La Mole	
5 / 9	N 98	N 98 bei La Mole / Kreuzung N 98 / D 27	Cogolin	
6 / 3	N558	Cogolin	Grimaud	
7 / 13	N558	Grimaud	La Garde-Freinet	Hostellerie du Couteau Fleuri, Grimaud, place Pénitents, Tel. 04 94 43 20 17
8 / 5	D 75	La Garde-Freinet	Vidauban	A
9 / 12	D 74	Col de Vignon	Vidauban	
10 / 18	D 72	Kreuzung D 44 / D 72 / D 74	Vidauban	
11 / 19	D 48	Vidauban	A	Col de Gratteloup, Le Muy A
12 / 2	N558	Kreuzung D 48 / N 558	Garde-Freinet	Hotel Fontaine, Vidauban, route du Thoronet, Tel. 04 94 99 91 91
13 / 14	D 75	Kreuzung N 558 / D 75	Gonfaron	
14 / 9	D 39	Gonfaron	Col de Fourche V	V !
15 / 11	D 39	Col de Fourche	Collobrières	
16 / 10	RF	Kreuzung D 39 / RF ca. 3 km vor Collobrières	D 41	V
17 / 3	D 41	RF	Bormes	A
18 / 5	D 41	Kreuzung D 41 / N 98	Bormes (über Col de Caguo-Ven)	

Zurück zur D 72, die schließlich bei Vidauban auf die Esterel-Autobahn trifft. Wer hier einige Kilometer weiter nach Norden auf der D 84 dem Lauf des Flüsschens Argens folgt, erreicht bei Entraigues die als Ausflugsziel beliebten Wasserfälle. Zurück in Vidauban, führt die D 48 in südliche Richtung erst durch den Wald von Bouis, dann durch den Wald du Rouquan, und nach etwa 20 Kilometer kommt wieder eine Kreuzung: Zwei Kilometer auf der N 558, dann weiter auf der D 75 westwärts nach La Tuilière. Hier bieten sich zwei Möglichkeiten: Erstens auf der D 39 nach Süden zum Col de Fourche. Vorsicht: Diese Straße ist je nach Witterung nur teilweise während des Jahres geöffnet! Oder: Weiter auf der D 75 bis Gonfaron und von dort auf der N 97 bis Pignans, um einem in der Stadtmitte durch Wegweiser gekennzeichneten, nach Osten führenden RF (Waldweg) zur Kirche Notre Dame des Anges zu folgen und schließlich ebenfalls auf den Col de Fourche zu treffen. Die zweite Strecke führt über malerische, kleine und kurvenreiche Sträßchen.

Von Notre Dame des Anges hat man eine herrliche Rundumaussicht. Gonfaron ist übrigens das Dorf der Schildkröten: Ursprünglich im Massif des Maures sehr verbreitet, werden sie hier im Schildkrötenzentrum (vom 1. März bis 30. November zu besichtigen) aufgezogen und ausgesetzt.

Vom etwa 500 Meter hohen Pass geht es in engen Kurven nach Süden. Kurz vor Collobrières zweigt die D 14 nach Osten und von dieser nach etwa einem Kilometer die RF nach Süden ab. Falls diese Waldstraße jedoch wegen Waldbrandgefahr gesperrt ist, empfiehlt es sich, die Route von Collobrières auf der D 14 westwärts zu fahren und nach etwa zwei Kilometern auf die D 41 nach Süden zum Col de Babaou abzuzweigen.

Collobrières ist übrigens das Zentrum der Esskastanien, die zu Konfituren und Mus verarbeitet werden. Wer nun inspiriert ist, einige Esskastanien aufzusammeln, sollte sich – außer vor drohenden Geldbußen – auch vor den Einwohnern vorsehen. Mancher sammelwütige Besucher wurde durch einen Hagel der essbaren Wurfgeschosse vertrieben. Etwa sechs Kilometer vor Collobrières führt links eine kleine, kurvenreiche Straße zu dem sehr schön gelegenen Kartäuserkloster La Verne.

Der Babaou-Pass bietet einen der höchstgelegen Aussichtspunkte des Mauren-Massivs. Die letzte Strecke auf der D 41 nach Bormes-les-Mimosas führt durch eine von Waldbränden vergangener Jahre nahezu vernichtete, sich aber durch zartes Grün gerade wieder erholende Region. Übrigens hat dieser Streckenabschnitt mit seinen engen Kurven auch motorsportliche Tradition: Er zählt zu den gefürchteten Etappen der Rallye du Var.

Bormes ist ein idealer Ort zum Ausruhen: 17 Kilometer Sandstrand, reizvolle Lage zwischen Eukalyptusbäumen, Zypressen und Mimosenwäldern, eine sehenswerte Altstadt und ein teilweise restauriertes Schloss, von dem sich eine reizvolle Aussicht auf Bucht, Stadt und Inseln bietet.

Ein Nachteil ist freilich unvermeidlich: In der Ferienzeit sind Strand und Straßen bis weit ins Hinterland übervölkert. Aber das gilt für die gesamte Côte d'Azur und ihre Berge.

Auskunft
Le Lavandou:
Office de Tourisme
quai G. Péri
Tel. 04 94 71 00 61

Grimaud:
Office de Tourisme
bd. Des Aliziers
Tel. 04 94 43 26 98

Vidauban:
Office de Tourisme
place F. Maurel
Tel. 04 94 73 10 28

Service-Stationen
Cogolin: Total, RN 98
Tel. 04 94 28 33 49

Gonfaron: Total,
av. G. Clémenceau
Tel. 04 94 78 30 33

Videauban: Shell,
quartier la Coulette
Tel. 04 94 73 65 71

Übernachtungen
Hotel Petite Bohème
Le Lavandou
Avenue F. Roosevelt
Tel. 04 94 71 10 30

Hostellerie du
Couteau Fleuri
Grimaud
Place Pénitents
Tel. 04 94 43 20 17

Hotel Fontaine
Vidauban
route du Thoronet
Tel. 04 94 99 91 91

Wetter
Wegen unvorhersehbarer Schneefälle in den Bergen ist die Tour nur vom späten Frühjahr bis zum Frühherbst wettersicher. Die Wetterverhältnisse der näheren Region erfragt man am besten bei den Tourismusämtern, außerdem über das nationale Wettertelefon (siehe Seite 111).

Der gute Rat
Viele Wege und Straßen im bewaldeten Bergland sind während der Sommermonate wegen Waldbrandgefahr gesperrt. Dies gilt nicht nur für diese Tour, sondern grundsätzlich in Südfrankreich. Welche Straßen gesperrt sind, unterliegt der Entscheidung örtlicher Behörden. Es ist dringend davon abzuraten, sich über solche Verbote hinwegzusetzen! Die Geldstrafen sind sehr hoch! Telefonische Auskunft hierzu: 04 94 47 35 45. Übrigens ist auch das Sammeln von Esskastanien strafbar. Die Geldbußen richten sich nach der gesammelten Menge.

5 Rund um den Etang de Berre: ab Salon-de-Provence über Marseille und Berre l'Etang

Ausgangsort
Salon-de-Provence

Zielort
Salon-de-Provence

Gesamttourenlänge
Rund 150 km

Zeitbedarf
2 Tage

Anschluss
Tour 19 in Marseille

Sehenswertes
Salon, die Stadt der Seifensieder und des Nostradamus. Der Etang de Berre mit Istres und Martigues, der Stadt der Kanäle und Brücken. Marseille mit zahlreichen Sehenswürdigkeiten.

Kurzbeschreibung
Von Salon-de-Provence zum Etang-de-Berre und den Städten Istres und Martigues. Dann entlang der Küste nach Marseille. Rückfahrt entlang der Nordostküste des Etang nach Miramas und von dort wieder nach Salons.

Salon-de-Provence ist die Stadt der Seifensieder und des Sehers Nostradamus. Das Haus des Zukunftsdeuters kann man in der Rue Nostradamus 11 besichtigen, die Herstellung von Olivenseife mit über 70 Prozent Olivenöl-Anteil in den Fabriken der Rue Paul-Bourret 148 und Rue Felix-Pyat 71. Außerdem befinden wir uns hier im Zentrum der französischen Kunstflieger, weshalb man nicht erstaunt sein sollte, wenn am blauen provenzalischen Himmel die Maschinen ihre waghalsigen Kapriolen absolvieren. Im Château de l'Empereur (Museum) erfährt man viel über die Geschichte der Provence. Sehenswert ist die Altstadt.

Von Salon führt unsere Route auf der D 69 nach Miramas-le-Vieux, wo man den Besuch der Schlossruine wegen des Ausblicks auf den Etang de Berre, einen der größten Küstenseen Frankreichs, nicht aussparen sollte. Der Etang (auf deutsch: Teich) ist nur sechs bis neun Meter tief, aber über 150 Quadratkilometer groß und hat über einen – teilweise unterirdischen, längst nicht mehr benutzten – Kanal Zugang nach Marseille.

Auf der Uferstraße D 16 folgen wir dem Etang nach Istres und dann auf der D 5 nach Martigues. Der alte Fischerhafen, der über einen Kanal

Die Tour um den Etang ist eine reine Flachlandfahrt.

Marseille bei Nacht: Blick auf den alten Hafen mit der Basilika Notre-Dame-de-la-Garde.

mit dem Mittelmeer verbunden ist, hat zwar viel von seinem ursprünglichen Charme verloren, seit die ganze Region industrialisiert wurde. Doch wer sich etwas mehr mit der Stadtstruktur beschäftigt, wird feststellen, dass drei Kanäle den Ort in ganz unterschiedliche „quartiers" aufteilen, von denen jedes seine eigene Geschichte und Kirche hat. Das Zentrum der viertgrößten Stadt im Departement ist die „Insel", seit über 2500 Jahren besiedelt. Lohnenswert ist übrigens ein Besuch des Elektrizitätswerkes im Vorort Pouteau, das die Erdwärme als Energiequelle nutzt. Ein kurzer Ausflug auf der malerischen D 49, die kurz hinter der Stadtgrenze bei Les Ventrons nach Süden abzweigt, führt bei Cap Couronne zum Meer.

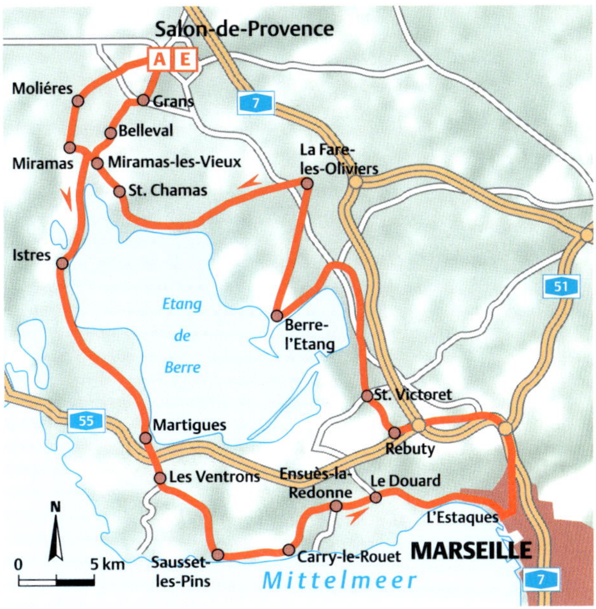

Motorradtouren in Südfrankreich

Region: Provence – Etang de Berre
Etappe: Salon-de-Provence – Marseille – Berre-l'Etang – Salon
Karten: Michelin 84

Nr/km	Road	Position	Richtung	Information
1 / 5	D 69	Salon	Miramas	Hotel Select, Salon-de-Provence, 35, rue Suffren, Tel. 04 90 56 07 17; Domaine de Roquerousse, Salon-de-Provence, route d'Avigon, Tel. 04 90 59 50 11
2 / 6	D 69	Kreuzung D 69 / D 19	Molières, Miramas	
3 / 3	N 569	Molières	Miramas	
4 / 1	D 10	Miramas	Istres	Uferstraße
5 / 13	D 16	Kreuzung D 10 / D 16	Istres	
6 / 8	D 5	Istres	Martigues	Uferstraße; Hotel Castellan, Istres, place Ste. Catherine, Tel. 04 42 55 51 15
7 / 8	D 5	Kreuzung D 5 / D 51	Martigues	
8 / 3	D 5	Martigues	Les Ventrons, Le Douard	Hotel Venetien, Martigues, 2, quai Toulmond, Tel. 04 42 42 31 10
9 / 8	D 5	Les Ventrons	Sausset-les-Pins	
10 / 6	D 5	Sausset	Carry-le-Rouet	
11 / 8	D 5	Carry	Ensuès-la-Redonne, Le Douard	Adlerschlucht
12 / 3	D 5	Ensuès	Le Douard	
13 / 2	D 5	Kreuzung D 5 / D 48	Le Douard	
14 / 7	N 568	Le Douard	L'Estaques	
15 / 11	N 568	L'Estaques	Marseille	
16 / 22	A 7	Marseille	Ausfahrt Les Pennes	Hotel Clarine, Marseille, 31, rue Rouet, Tel. 04 91 79 56 66; Hotel Edmond Rostand, 31, rue Dragon, Tel. 04 91 37 74 95
17 / 3	N 568	Ausfahrt Les Pennes	Rebuty / Martigues	

Nr/km	Road	Position	Richtung	Information
18 4	D 20	Rebuty	St. Victoret	Airport; Abzwg.!
19 16	D 20	St. Victoret	Berre-l'Etang	
20 1	D 21	Berre	La Fare-les-Oliviers	
21 4	D 21	Kreuzung D 21 / D 54	La Fare	
22 3	D 54	Unterführung N 113	La Fare	
23 3	D 10	La Fare	St. Chamas	
24 16	D 10	Kreuzung D 10 / D 21	St. Chamas	
25 3	D 10	St. Chamas	Miramas-le-Vieux	
26 2	D 16	Miramas-les-Vieux	Grans	
27 8	D 16	Belleval	Grans	
28 6	D 16	Grans	Salons	

In den engen Gassen alter provenzalischer Dörfer tun sich manche überraschende Winkel auf.

Ansonsten schnuppert man erst über die D 5 an der Küste, bei Sausset-les-Pins, wo der Filmschauspieler Fernandel („Don Camillo und Peppone") begraben liegt, mediterrane Beschaulichkeit. Hinter Carry-le-Rouet führt die D 5 durch den Vallon de l'Aigle, die „Adlerschlucht". In Le Douard wechseln wir auf die N 568, die durch Werften und Hafen sowie vorbei an den Hochseefähren nach Nordafrika und Korsika direkt nach Marseille führt.

Von Marseille aus benutzen wir für den Rückweg zunächst die Autobahn A 7 nordwärts in Richtung Lyon, die wir an der Ausfahrt Les Pennes/Mirabeau verlassen. Dann etwa drei Kilometer parallel zur Autobahn auf der N 568 bis Rebuty, dort rechts abbiegen auf die D 20. Vorsicht: Etwa 50 Meter weiter vorne biegt die D 47 in dieselbe Richtung ab. Zwischen St. Victoret und Berre kreuzt die D 20 die Nationalstraße N 113. Auf der D 20 bleiben!

Dominiert wird dieser Teil der Route vom Flughafen, auf dem nach Aussagen von Augenzeugen 1952 und 1954 außerirdische Wesen mit ihren fliegenden Untertassen gelandet sein sollen. Näher an der Realität ist die Shell-Raffinerie, eine von zahlreichen petrochemischen Anlagen rund um den Etang de Berre. Preisgünstiger ist das Benzin hier dennoch nicht, weil die Pariser Verwaltung den Spielraum des Literpreises in engen Grenzen hält. Die Zufahrt nach Berre weist in südwestliche, die Ausfahrt hingegen in nördliche Richtung. Auf der D 21 geht es nach La Fare-les-Oliviers, dann führt die D 10 westwärts nach St. Chamas. Kurz hinter der Stadtgrenze von Miramas-le-Vieux, ziemlich genau zwischen den beiden Miramas, zweigt von der D 10 die durch eine Parklandschaft führende D 16 nach Grans und unserem Rundfahrtziel Salon ab.

Auskunft
Salon-de-Provence:
Office de Tourisme
56 cours Gimon,
Tel. 04 90 56 27 60

Istres: Office de Tourisme
allée J. Jaurés
Tel. 04 42 55 15 15

Martigues:
Office de Tourisme
2, quai P. Doumer
Tel. 04 42 42 31 10

Marseille:
Office de Tourisme
4, La Canebière
Tel. 04 91 13 89 00

Service-Stationen
Fos-sur-Mer: Look Motard
quartier du Guigonnet
Tel. 04 42 05 21 20

Istres: Elf, ZAC des Sacles
Tel. 04 42 56 65 65

Marignane: Elf, D 9
Tel. 04 42 10 12 27

Marseille: Europe Moto
132, cours Lieutard
Tel. 04 91 48 52 65

Salon-de-Provence:
Mistral Motos
316, bd. de la République
Tel. 04 90 56 53 46

Übernachtungen
Hotel Select
Salon-de-Provence
35, rue Suffren
Tel. 04 90 56 07 17

Domaine de Roquerousse
Salon-de-Provence
route d'Avigon
Tel. 04 90 59 50 11

Hotel Castellan
Istres
place Ste. Catherine
Tel. 04 42 55 51 15

Hotel Venetien
Martigues
2, quai Toulmond
Tel. 04 42 42 31 10

Hotel Clarine
Marseille
31, rue Rouet
Tel. 04 91 79 56 66

Hotel Edmond Rostand
Marseille
31, rue Dragon
Tel. 04 91 37 74 95

Wetter
Die Route ist ganzjährig befahrbar, kann allerdings zu Mistral-Zeiten ungemütlich sein. Wetterauskünfte über die Tourismusämter oder das nationale Wettertelefon (siehe Seite 111).

Der gute Rat
Nicht nur im Bergland können sich die Wetterverhältnisse schlagartig ändern. Dass Provence und Sonne untrennbar verbunden sind, stimmt jedenfalls für Motorradfahrer nicht. Deshalb immer warme Kleidung mitnehmen.

Durch die Schluchten des Verdon: von Castellane über Moustiers nach Comps-sur-Artuby

6

Ausgangsort
Castellane

Zielort
Comps-sur-Artuby

Gesamttourenlänge
Rund 140 km

Zeitbedarf
1 Tag

Anschluss
Tour 3 bei Mons

Sehenswertes
Von Castellane zum „Grand Canyon du Verdon!“ Castellane: Stausee. La Palud: Rundfahrt durch den Canyon. Moustiers: sieht aus wie ein Pueblo; Kloster. Ste. Croix: Stausee.

Kurzbeschreibung
Von Castellane zu den Gorges du Verdon, einem der größten Naturereignisse Frankreichs. Stationen: La Palud, Moustiers, Ste. Croix, Aiguines, Comps. Von dort Möglichkeit zum Abstecher zu den Gorges du Câteaudouble und über Draguignan zur Küste.

Wenn es um die Gorges du Verdon geht, verzichten die Franzosen sogar auf ihre Vorbehalte gegenüber der angelsächsischen Sprache: Um die Parallele zum berühmten amerikanischen Grand Canyon zu betonen, bezeichnen sie die große Schlucht der Seealpen als „Grand Canyon du Verdon“.

Für die Anfahrt empfiehlt sich die N 85 aus Richtung Grasse nach Castellane, die auch noch mit einem historischen Eindruck verbunden ist, denn es handelt sich um die „Route Napoléon“, auf der Frankreichs bereits entmachteter Kaiser Napoleon I. 1815 nach seiner Flucht von der Insel Elba nordwärts zog,

Die Tour durch die Gorges du Verdon ist ein Ausflug in geologische Urzeiten.

Motorradtouren in Südfrankreich

Region: Hochprovence – Grand Canyon du Verdon
Etappe: Castellane – Moustiers – Comps-sur-Artuby
Karten: Michelin 84

Nr/km	Road	Position	Richtung	Information
1 / 12	N 552	Castellane	Moustiers-Ste. Marie	Nouvel Hotel du Commerce, Castellane, Tel. 04 92 83 61 00; Ma Petite Auberge, 8, bd. de la République, Tel. 04 92 83 62 06
2 / 3	N 552	Kreuzung N 552 / N 555	Moustiers	Clue de Carejuan
3 / 9	D 23	La Palud-sur-Verdon	Blv. des Malinem	Rundfahrt durch Canyon
4 / 13	N 552	La Palud	Moustiers	
5 / 15		Moustiers	Ste. Croix-de Verdon	Stausee; Bonne Auberge, Moustiers-Ste. Marie, Tel. 04 92 74 66 18; Hotel Colombier, route Castellane, Tel. 04 92 74 66 02
6 / 5		Kreuzung mit D 111	Ste. Croix	
7 / 5	D 111	Ste. Croix	Pont de Garruby	
8 / 5	N 557	Pont de Garruby	Pont d'Aiguines	
9 / 8	D 19	Pont d'Aiguines	Aiguines	
10 / 17	D 71	Aiguines	Pont de L'Artuby	
11 / 2	D 71	Pont de l'Artuby	Balcons de la Mescla	
12 / 17	D 71	Balcons	Comps-sur-Artuby	Gorges de Châteaudouble vor Draguignan (N 555, 32 km); Hotel Provence, Draguignan, bd. G. Clemenceau, Tel. 04 94 68 66 77; Hotel Parc, 21, bd. Liberté, Tel. 04 94 68 53 84

um seine Getreuen für die letzte Schlacht seiner Karriere zu schlagen. Er wählte diese Route mit Bedacht, denn sie ist, wie man in Castellane feststellen kann, weltabgeschieden in der Umgebung von Bergen und Steilwänden.

Bei der Ausfahrt auf die N 552 sollte man einen Blick hinauf zum 1626 Meter hohen Cadières de Brandis mit seinen schroffen Felskanten werfen. Etwa 15 Kilometer sind es bis zum Clue de Carejuan, einem knapp 1000 Meter hohen Berg, um dessen Steilwände sich die Straße in einer langen Rechtskurve windet. Am Point Sublime, dem östlichen Tor zum Canyon, sollte man nicht nur wegen des Restaurants eine erste Rast einlegen. Von der Aussichtsplattform – in Frankreich als „Belvedere“ bezeichnet – bietet sich ein 180 Meter tiefer Blick in das Flussbett des Verdon.

Etwa 12 Kilometer weiter kommt man nach La Palud-sur-Verdon, wo die Straße links über und in die Schluchten abzweigt und dafür die so genannte Route de Crètes benutzt. Eine Serie von Aussichtsplattformen erlauben einen teilweise atemberaubenden, in jedem Fall beeindruckenden Blick in die Tiefe, wo der Fluss mal im Untergrund verschwindet, mal sich einen Weg zwischen gigantischen Felsblöcken hindurch sucht. Ein Teil der Wegstrecke führt unterirdisch unmittelbar in den Felswänden über dem Fluss.

Wieder zurück von der Rundfahrt, erreichen wir über den Col d'Ayens zunächst den Belvedere de Mayreste, dann den Col de l'Olivier und schließlich Moustiers-Ste. Marie. Die wichtigste wirtschaftliche Aktivität des farbenfrohen Städtchens sind neben dem Tourismus die bereits von König Ludwig XIV. gegründeten Fayence-Werkstätten (Museum!).

Eine Alternative für den Rückweg: Am südlichen Ortsausgang zweigt eine kleine Straße nach Westen ab, überquert das Flüsschen Maire und schlängelt sich dann nach Süden. Auf die Ausschilderung nach Ecole, Les

Tief hat sich der Verdon ein Tal in die Kalkfelsen geschnitten – seine Schluchten zählen zu den großen Naturwundern Frankreichs.

Roux und Ste. Croix-de-Verdon achten. Übrigens ist der durch einen Staudamm entstandene Lac de Ste. Croix auch in den Sommermonaten empfindlich kalt!

Der normale Rückweg führt über die N 557 südwärts, die jenseits der Brücke von Aiguines in die Kurvenstrecke des „Cirque de Vaumale" und damit in die D 71 mündet. Die

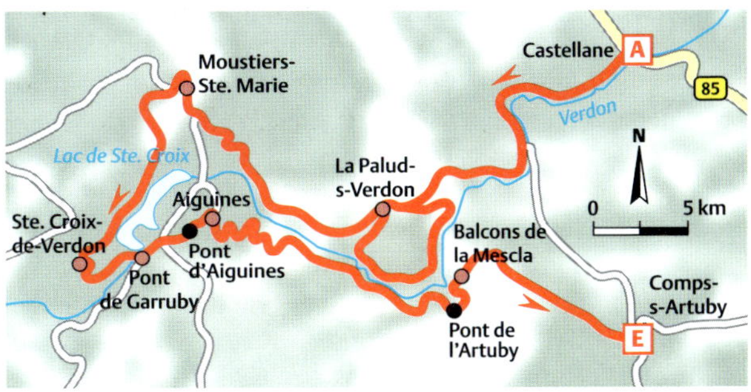

Kurvenstraße führt hinauf auf den fast 1000 Meter hoch gelegenen Col d'Illoire. Da man sich nun auf dem anderen Flussufer befindet, bieten die Flussschlucht und die gegenüberliegenden Aussichtsplattformen einen interessanten Ausblick. Vorbei an den Felswänden der Falaise des Cavaliers führt am östlichen Ende eine Brücke über den Canyon de l'Artuby. Dann noch ein letzter Blick von den beiden „Balcons de la Mescla".

Die D 71 geht nach Südosten weiter bis Comps-sur-Artuby, bevor man auf der N 555 wieder Castellane erreicht. Empfehlenswert ist allerdings als Abstecher die Route von Comps in Richtung Draguignan, weil sie durch die Gorges du Châteaudouble (siehe auch Tour 3) führt und sich als unmittelbarer Vergleich mit den Verdon-Schluchten anbietet. Noch ein Wort zu Draguignan, der ehemaligen Provinzhauptstadt des Departements Var: Der zunächst beeindruckende Ort erweist sich als im Grunde wenig interessant, wenn man von dem amerikanischen Soldatenfriedhof aus dem Zweiten Weltkrieg absieht.

Aber das ist typisch für die Hochprovence. Ihr Reiz kommt vielmehr durch die Landschaft und den geruhsamen Lebensstil der Menschen dort zum Ausdruck.

Auskunft
Castellane:
Office de Tourisme
route Nationale
Tel. 04 92 83 61 14

Draguignan:
Office de Tourisme
9, bd. Clemenceau
Tel. 04 94 68 63 30

Service-Stationen
Castellane: Total, RN 85,
Tel. 04 92 83 63 62

Comps: Total, RD 955
Tel. 04 94 76 90 08

Draguignan:
Esso 647,
avenue Général de Gaulle
Tel. 04 94 67 09 58

Moustiers: Elf, Quartier
St. Jean
Tel. 04 92 74 66 30

Übernachtungen
Nouvel Hotel du
Commerce
Castellane
Tel. 04 92 83 61 00

Ma Petite Auberge
Castellane
8, bd. de la République
Tel. 04 92 83 62 06

Bonne Auberge
Moustiers
Tel. 04 92 74 66 18

Hotel Colombier
Moustiers
route Castellane
Tel. 04 92 74 66 02

Hotel Provence
Draguignan
bd. G. Clemenceau
Tel. 04 94 68 66 77;

Hotel Parc
Draguignan
21, bd. Liberté
Tel. 04 94 68 53 84

Wetter
Anfahrt während der Wintermonate nicht frost- und schneefrei.

Der gute Rat
In kleineren Orten gibt es meist keine Motorradwerkstatt. Aber bei Tankstellen kann man weiterhelfen.

Der Ausflug zum „Grand Canyon du Verdon" führt im Norden bis zur berühmten Route Napoléon, auf der einst Frankreichs Kaiser von Elba zurück an die Macht geritten ist.

Rundfahrt durch die Camargue: von Avignon über Arles und Saintes Maries nach St. Gilles

7

Avignon ist der Ausgangspunkt dieser Fahrt in die Camargue. Bis Arles ist die Streckenführung mit der Tour 14 identisch. Allerdings kann man eine kürzere Route auf der N 570 über Tarascon nach Arles wählen. Südlich von Arles bleiben wir noch etwa zwei Kilometer auf der N 570, um kurz hinter dem Dorf Les Passerons auf die D 36 abzubiegen, die teilweise unmittelbar entlang der Großen Rhone (Grand Rhône) am östlichen Rand der Camargue verläuft. Sie endet in Salin-de-Giraud. Zunächst glaubt man, das große Chemiewerk sei das einzige Merkmal des Ortes. Doch interessanter sind die Anlagen zur Meersalzgewinnung, die größten Salinen Frankreichs. Durch Verdunstung und Filtern werden aus einem Liter Wasser nicht weniger als 260 Gramm Salz gewonnen. Von Salin aus kann man einen Ausflug zur Rhone-Mündung unternehmen, vorbei an den Salzfeldern zur Plage d'Arles („Route de la Mer", Tel. 04 42 86 81 28).

Von Salin fahren wir einige Kilometer auf der D 36 zurück nach Norden und biegen dann links ab auf die kleine D 36 C, die über den Canal du

Der Pont d'Avignon, in zahlreichen Liedern besungen, ist neben dem Papstpalast das Wahrzeichen der Rhone-Stadt.

Ausgangsort
Avignon

Zielort
St. Gilles

Gesamttourenlänge
Rund 230 km

Zeitbedarf
1 Tag

Anschluss
Tour 8 und 14 von Avignon,
Tour 9 und 12 von Carpentras aus.

Sehenswertes
Avignon, Nîmes und Arles siehe Tour 14. Salin-de-Giraud: Salzgewinnungsanlagen, Rundweg Route de la Mer (Führungen: 04 42 86 81 28), Strand (Plage d'Arles). Stes. Maries-de-la-Mer: Kirche, Museen, großer Deich Digue à la Mer, Rundfahrten (Information in Arles/Office de Tourisme). St. Gilles: Kloster, Kirchen, Museen, Maison romane. Aigues-Mortes: Altstadt, Stadtmauer.

Kurzbeschreibung
Von Avignon über Nîmes oder Tarascon nach Arles, dann entlang der Großen Rhone nach Salin-de-Giraud. Nördlich des Etang de Vaccarès durch das Naturschutzgebiet der Camargue nach Stes. Maries-de-la-Mer. Von dort nordwärts entlang der Kleinen Rhone mit Ausflugsmöglichkeit zur mittelalterlichen Stadt Aigues-Mortes und zum Endpunkt St. Gilles.

Motorradtouren in Südfrankreich

Region: Provence – Camargue
Etappe: Avignon – Arles – Stes. Maries-de-la-Mer – St. Gilles
Karten: Michelin 83

Nr	km	Road	Position	Richtung	Information
1	1		Avignon	Villeneuve-les-Avignon	Über Rhonebrücke
2	11	D 2	Villeneuve	Aramon	
3		D 2	Kreuzung D 2 / D 126	Aramon	
4	8	D 126	Aramon	Montfrin	
5	1	D 2	Kreuzung D 126 / D 2	Montfrin	
6	1	D 2	Montfrin	D 986	
7	0,5	D 986		Beaucaire / Tarascon	
8	5	D 163		Jonquières	
9	6	D 999	Jonquières	Nîmes	
10	13	D 999	Redessan	Nîmes	
11	15	N 113	Nîmes	Arles	Stadtbesichtigung
12	12	N 113	Bellegarde	Arles	
13	3	N 570	Arles	St. Gilles	Stadtbesichtigung; Stierhüter-Hütten zu mieten: La Grand Mar, Gageron, Arles, Tel. 04 90 97 00 64
14	7	D 36	N 570	Salin-de-Giraud	
15	8	D 36	Mas de Ponte-vès	Salin	
16	13	D 36	Le Sambuc	Salin	
17	2	D 36	Salin	Villeneuve	Salinen besichtigen; Mas St. Bertrand, Salin-de-Giraud, Route du Vaccarès (an der D 36C), Tel. 04 42 48 80 69

Japon – kein Mensch weiß, warum er nach Japan benannt wurde – und den winzigen Ort Salin-de-Badon führt, einem naturkundlichen Forschungszentrum unmittelbar am zentralen See der Camargue. In Villeneuve biegen wir nach Westen auf die D 37 ab. Abzuraten ist vom Besuch der durch viele Werbeschilder angepriesenen Domaine de Méjanes, die dem Pastis-Fabrikanten Paul Ricard gehört und mit „spectacles taurins" in der 600 Zuschauer fassenden Arena die Touristen anlockt. Wir erreichen Albaron, im 13. Jahrhundert ein befestigter Ort an der damals stark befestigten und weiter nördlich verlaufenden Küste. Vor allem die Rhone und ihre ursprünglich zahlreichen Mündungsarme schwemmen so viel Sand und Gestein an, dass die Küstenlinie jährlich um etwa 20 Meter meerwärts vorrückt. Auf diese Weise entstand die rund 85 000 Hektar große Schwemmlandschaft der Camargue zwischen den beiden Rhone-Armen mit ihren zahlreichen Teichen: je 10 000 Hektar Sumpf und Salzfelder sowie rund 15 000 Hektar Reisfelder. 1970 wurde sie zum Naturpark erklärt, seit 1975 besteht die Schutzzone um den Etang de Vaccarès.

Übrigens sollte man sich nicht täuschen lassen von dem naturnahen Eindruck dieser in Europa einzigartigen Landschaft: Die Camargue ist in Gefahr! Die natürliche Verbindung zum Meer ist durch zahlreiche Deichbauten verloren gegangen. Mit dem Bau der beiden Rhone-Deiche und der 40 Kilometer langen Digue de la Mer im 19. Jahrhundert verlor die Camargue ihren ungeregelten Kontakt zum Meer und droht buchstäblich zu verdunsten. Der Reisanbau verbraucht 400 Millionen Hektoliter Wasser jährlich – Wasser, das an anderer Stelle fehlt. Dennoch herrscht reges Leben: Rund 10 000 Flamingos, zehn verschiedene Entenarten, weiße Pferde, schwarze Stiere.

Einen Besuch wert sind die so genannten Mas, wie hier die Bauernhöfe genannt werden; sie sind oft in Museen oder Hotels umgebaut: Mas de Clarousset, Mas Brousolle, Mas de Cacharel, Mas des Rièges, Mas du Pont de Rousty.

Durch diesen Naturschutzpark führt uns die N 570 von Albaron nach Stes. Maries-de-la-Mer. Kurz vor der Abzweigung nach Aigues-Mortes erhebt sich am Wegrand das Château d'Avignon, das Haupthaus der einst größten Domaine der Region mit einer 150 Meter langen klassizistischen Fassade und einem 20 Hektar großen Park.

Stes. Maries wurde vor allem berühmt durch das alljährliche Zigeunerfest Ende Mai. Sehenswert ist die einzigartige, befestigte Kirche aus dem 9. Jahrhundert. Übrigens hält die landwirtschaftliche Gemeindefläche mit 37 000 Hektar nach jener von Arles mit rund 100 000 Hektar eine Spitzenstellung in Frankreich. Lohnend ist ein Ausflug über die D 85 A nordwärts zum Mas de Cacharel mit den wohl ältesten erhaltenen Häusern der Camargue.

Die Rückfahrt läuft zunächst auf der N 570, bis wir bei Maguelonne nach links auf die D 85 abbiegen, teilweise dem Lauf der Kleinen Rhone folgen und in Sylvéréal auf die D 58 treffen. Auf dieser geht es nach Montcalm, dann auf der D 179 scharf rechts nach Osten und schließlich weiter nordwärts bis zum Mas des Iscles, wo sich die Straße abermals nach Osten wendet und zu unserem Endpunkt St. Gilles führt. Im 13. Jahrhundert war St. Gilles noch eine Hafenstadt mit 40 000 Einwohnern (heute: 12 000). Aber noch immer verfügt der Ort griechischen Ursprungs über bemerkenswerte Kunstschätze. Von

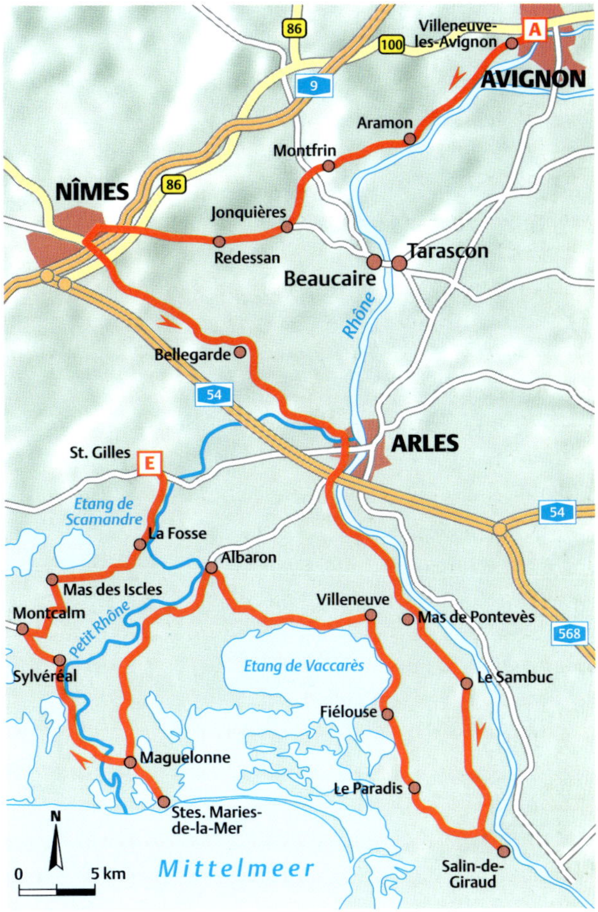

Nr/km	Road	Position	Richtung	Information
18 8	D 36C	Kreuzung D 36 / D 36C	Villeneuve	
19 5	D 36C	Le Paradis	Villeneuve	
20 4	D 36C	Fiélouse	Villeneuve	
21 19	D 37	Villeneuve	Albaron	Durch Naturschutzgebiet
22 11	N 570	Albaron	Stes. Maries-de-la-Mer	
23 8	N 570	Kreuzung N 570 / D 38	Stes. Maries	
24 4	N 570	Kreuzung N 570 / D 85	Stes. Maries	
25 4	N 570	Stes. Maries		Stadtbesichtigung; Hotel La Brise de Mer, Stes. Maries-de-la-Mer, 31, av. Gilbert Leroy, Tel. 04 90 97 80 21; Mas des Rièges, route de Cacharel, Tel. 04 90 97 85 07; Mas de Cacharel, route de Cacharel, Tel. 04 90 97 95 44; Hostellerie du Pont de Gau, route d'Arles, Tel. 04 90 97 81 53
26 2,2	D 85	Maguelonne	Mas d'Icard	
27 5	D 58	Sylvéréal	Aigues-Mortes	
28 12	D 179	Montcalm	St. Gilles	Nach Aigues-Mortes
29 8	D 179	Mas des Iscles	St. Gilles	
30 7	D 179	La Fosse	St. Gilles	St. Gilles: Hotel Heraclée, port de Plaisance, Tel. 04 66 87 44 10

dem Kloster mit seiner sagenhaften Gründungsgeschichte blieb allerdings nur die Fassade erhalten. Im Geburtshaus von Papst Clemens IV. befindet sich heute ein Museum.

Ein Ausflug in das nahe Aigues-Mortes lohnt sich in jedem Fall. Im 13. Jahrhundert mit rechtwinkelig angelegten Straßen als Basis für die Kreuzzüge von König Ludwig dem Heiligen erbaut, ist der Ort mit der unversehrten Stadtmauer, 15 Türmen und zehn Toren noch heute pures Mittelalter. Im Hundertjährigen Krieg war die Stadt auch Zufluchtsort der Hugenotten.

Die Stadt der „toten Gewässer" – so der Name – war vor 700 Jahren ein wichtiger Militärhafen – zumal der Kreuzritterheere –, der durch einen kurzen Kanal mit dem damals noch näher gelegenen Meer verbunden war. Deutlichstes Symbol der blutigen Geschichte ist der Tour de Constance, ein runder Turm, etwas außerhalb der 1700 Meter langen Stadtmauer gelegen und in alten Zeiten durch sieben Fallen vor dem Feind geschützt. Im Tour des Bourguignons wurden im 15. Jahrhundert die von königlichen Söldnern niedergemetzelten Burgunder mit Salz buchstäblich eingepökelt, damit die Verwesung der Leichen keine Seuche verursachte.

Heute hat Aigues-Mortes wenig Bedeutung, vom Fremdenverkehr abgesehen. Wichtigere Häfen wie Sète oder Le Grau-du-Roi, am Rhone-Mittelmeer-Kanal gelegen, sind entstanden.

Aigues-Mortes mit Stadtmauer und 15 Türmen ist ein filmreifes Relikt der mittelalterlichen Geschichte.

Auskunft
Stes. Maries-de-la-Mer: Office de Tourisme
5, av. van Gogh
Tel. 04 90 97 82 55

Salin-de-Giraud:
Office de Tourisme
Mairie annexe
Tel. 04 42 86 80 87

St. Gilles:
Office de Tourisme
1, place F. Mistral
Tel. 04 66 87 33 75;

Bureau Acceuil-Monuments
place de l'Eglise
Tel. 04 66 87 41 31

Service-Stationen
Arles: Lucky Bike,
avenue Arches
Tel. 04 90 18 96 23

Avignon:
Provence Moto
25, bd. Denis Soulier
Tel. 04 90 85 00 37

Nîmes: Sport Moto
5, avenue Verdun
Tel. 04 66 23 09 84

Salin-de-Giraud: Elf
56, avenue Doctor Imbert
Tel. 04 42 86 81 31

Übernachtungen
Stierhüter-Hütten zu mieten:
La Grand Mar,
Gageron, Arles
Tel. 04 90 97 00 64

Mas St. Bertrand
Salin-de-Giraud
route du Vaccarès
(an der D 36 C)
Tel. 04 42 48 80 69

Hotel La Brise de Mer,
Stes. Maries-de-la-Mer
31, av. Gilbert Leroy
Tel. 04 90 97 80 21

Mas des Rièges
Stes. Maries-de-la-Mer
route de Cacharel
Tel. 04 90 97 85 07

Mas de Cacharel
Stes. Maries-de-la-Mer
route de Cacharel
Tel. 04 90 97 95 44

Hostellerie du Pont de Gau
Stes. Maries-de-la-Mer
route d'Arles
Tel. 04 90 97 81 53

Hotel Heraclée
St. Gilles
port de Plaisance
Tel. 04 66 87 44 10.

Wetter
Ganzjährig befahrbar. Details können bei den örtlichen Tourismusämtern oder über das nationale Wettertelefon (siehe Seite 111) erfragt werden. Hinweis: Die Temperaturen können während der Wintermonate unter den Gefrierpunkt sinken!

Der gute Rat
In der Camargue kann das Wetter schlagartig wechseln, zumal in den Wintermonaten (Mistral!).

Märkte und Veranstaltungen in Stes. Maries-de-la-Mer
Wochenmarkt: Montag und Freitag. Trödelmarkt: Von Juni bis September an jedem ersten und letzten Dienstag im Monat. Stiertreiben in den Straßen der Stadt: Im April, Mai, Juni und September jeweils am Sonntag. Zigeunerfest: Vom 24. bis 26. Mai sowie am Sonntag nach dem 20. Oktober. Pferdefest: 11. bis 14. Juli.

Beginnender Frühling in Avignon.

8 Ins Herz der Provence: von Avignon über Les Baux nach Fontaine-de-Vaucluse

Ausgangsort
Avignon

Zielort
Fontaine-de-Vaucluse

Gesamttourenlänge
Rund 120 km

Zeitbedarf
1 Tag

Anschluss
Tour 7 oder 14 in Avignon, Tour 9 und 12 in Carpentras, Tour 17 in Cavaillon

Sehenswertes
Villeneuve-les-Avignon: Festung. Remoulins: Pont du Gard (Motorradmuseum), Klosterruine St. Roman. Beaucaire: Burg. Tarascon: Altstadt, Burg, Maison de Tartarin. Fontvieille: Moulin de Daudet. Les Baux: Schlossberg und Dorf. St. Remy: Geburtshaus des Nostradamus, römische Ausgrabungen, Sanatorium St. Paul-de-Mausol mit Van Gogh-Zimmer. L'Isle-sur-la-Sorgue: Antiquitätenstadt, Markt. Fontaine-de-Vaucluse: Wasseranlage.

Kurzbeschreibung
Von Avignon über die Rhone nach Remoulins mit Besichtigung des römischen Pont du Gard. Dann nach Süden zur Doppelstadt Beaucaire-Tarascon. Über Fontvieille nach Les Baux und St. Remy. Durch die Alpilles nach Cavaillon, dann nach L'Isle-sur-la-Sorgue und zum Endpunkt Fontaine-de-Vaucluse.

Von Avignon, der Stadt mit dem Palast der Päpste, der Brückenruine und der Stadtmauer rund um das Zentrum, führt diese Tour in eine der interessantesten und zugleich typischen Regionen der Provence. Nach landläufiger Meinung handelt es sich bei dieser Gegend um das „Herz des Midi", geografisch spricht man von den „Alpilles".

Zunächst überqueren wir die Rhone nach Villeneuve-les-Avignon, das vom mittelalterlichen Fort St. André überragt wird und – ungeachtet der unmittelbaren Nachbarschaft zur berühmteren Hauptstadt des Departements – durch eine eigene Geschichte gekennzeichnet ist. Auf der N 100 erreichen wir Remoulins, wo man unbedingt den Pont du Gard mit seinen beeindruckenden Überresten einer römischen Wasserleitung besuchen sollte. Ursprünglich rund 50 Kilometer lang, ist dieses Teilstück bis heute funktionsfähig. Auf der N 986, teilweise auch als N 86 L ausgeschildert, kommen wir in Richtung Beaucaire an der Abtei St. Roman

Durch das Herz der Provence führt eine kurvenreiche Strecke.

vorbei. Die Reste der auf einem Felsen über dem Rhonetal liegenden Abtei wurden erst wieder sichtbar, als das an ihrer Stelle im Mittelalter erbaute Schloss im 19. Jahrhundert zerstört wurde. Beaucaire, die Schwesterstadt von Tarascon, ist vor allem durch das Schloss bemerkenswert, das König Ludwig der Heilige als eine der wichtigsten Festungen in Südfrankreich bauen ließ, aber zerstört wurde, weil sich die Burgherren in den Religionskriegen den Protestanten anschlossen. Die Altstadt steht unter Denkmalschutz und diente zahlreichen Mantel-und-Degen-Filmen als Kulisse. Reste der hier verlaufenden altrömischen Handelsstraße Via Domitia, die das Rhonetal mit den Pyrenäen verband, erreicht man über die D 999 in Richtung Nîmes: Etwa zwei Kilometer hinter der Stadtgrenze auf mehrere Hinweisschilder am Straßenrand achten und links abbiegen.

Auch in Tarascon ist die Burg bemerkenswert, außerdem das Maison de Tartarin, das eigentlich kein Museum ist, sondern eine alberne Show zum Gedenken an die gleichnamige Romanfigur des Schriftstellers Alphonse de Daudet – eben den überdrehten Kleinbürger Tartarin.

Zunächst auf der D 970 und ab der Kirche St. Gabriel auf der D 33 geht es nach Fontvieille, wo man trotz des während der Ferienmonate gewaltigen Touristenverkehrs die Mühle besuchen sollte, wo Daudet seine berühmten „Lettres de mon Moulin“ verfasst hat. Früher lebte der Ort von den nahen Steinbrüchen, aus denen die großen Steine für die Bauten in Marseille kamen. Die Reste einer römischen Wasserleitung – freilich nicht vergleichbar mit dem Pont du Gard – erreicht man über die D 33 nach Süden, vorbei an der Daudet-Mühle. Hinter dem Ort links eine kleine Straße entlang, dann noch etwa 100 Meter.

Auf der D 17, D 78 sowie D 27 fahren wir nach Les Baux-de-Provence, einem gewaltigen Kalkfelsen, auf dem seit dem 11. Jahrhundert ein Adels-

Motorradtouren in Südfrankreich

Region: Provence
Etappe: Avignon – Remoulins – Les Baux – Cavaillon – Fontaine-de-Vaucluse
Karten: Michelin 83

Nr/km	Road	Position	Richtung	Information
1 / 1	N 100	Avignon	Villeneuve	Über Rhone-Brücke
2 / 15	N 100	Villeneuve	Remoulins	Besichtigung
3 / 9	N 100	Kreuzung N 100 / N 580	Remoulins	
4 / 8	N 100	Kreuzung N 100 / D 976	Remoulins	
5 / 4	D 986	Remoulins	Beaucaire / Tarascon	Pont du Gard Hotel Moderne, Remoulins, 8, av. Geoffroy-Perret, Tel. 04 66 37 20 13
6 / 1	D 986	Kreuzung D 986 / D 505	Beaucaire	
7 / 4	D 986	Kreuzung D 986 / D 264	Beaucaire	
8 / 5	D 986	Comps	Beaucaire	
9 / 1		Beaucaire	Tarascon über Rhone-Brücke	
10 / 5	D 970	Tarascon	Les Baux	Hotel Echevins, Tarascon, 26, bd. Itam, Tel. 04 90 91 01 70
11 / 3	D 33	Kreuzung D 970 / D 33 / N 570	Fontvieille	
12 / 3	D 33	Kreuzung D 33 / D 33 A	Fontvieille	
13 / 1	D 17	Fontvieille	Les Baux	Hotel Daudet, Fontvielle, rt. Arles, Tel. 04 90 54 76 06
14 / 5	D 78	D 17	Les Baux-de-Provence	
15 / 6	D 27	Les Baux	St. Remy	Mas de l'Oulivié, Les Baux, Tel. 04 90 54 35 78
16 / 4	D 31	D 27	St. Remy	
17 / 8	D 99	St. Remy	Cavaillon	Auberge de la Reine Jeanne, St. Remy, bd. Mirabeau, Tel. 04 90 92 15 33; Hotel L'Amandière, av. Plaisance du Touch, Tel. 04 90 92 41 00

geschlecht siedelte, von dem der südfranzösische Dichter Mistral meinte, es habe sich um eine „Rasse der Adler und niemals untertan" gehandelt. Insgesamt 79 Dörfer, Städte und Burgen gehörten zu dem Machtbereich, der 1632 endete. Heute gehört Les Baux zum Einflussbereich des Fürstentums von Monaco. Sein Name stand übrigens Pate für das Mineral Bauxit, das hier zum ersten Mal gefunden wurde und auch heute noch zur Aluminiumgewinnung östlich des Felsens an der D 27 abgebaut wird. Der Berg ist aufgeteilt in eine touristische Unterstadt und eine historische Oberstadt. In der Unterstadt sind die direkt in den Fels gebauten Häuser sowie einige andere Bauten, so etwa das Rathaus, sehenswert. Von der Oberstadt ist im wesentlichen nur noch die Burgruine erhalten. Den schönsten Blick auf Les Baux hat man vom Plateau des Bringasses: Auf der D 27 nach Norden, nach etwa einem Kilometer rechts abbiegen in einen kleinen, steil zum Gipfel ansteigenden Weg.

Auf dieser D 27 fahren wir bis zur Kreuzung mit der D 31 und weiter nach St. Remy, einem typischen Provence-Städtchen, in das sich zahlreiche betuchte Ausländer zurückgezogen haben und wo auch Caroline von Monaco ein Sommerhaus besitzt. In der engen Rue Hoche kam 1503 der Seher Nostradamus zur Welt. Wo bis zum 17. Jahrhundert die Stadtmauer war, verläuft heute der Boulevardring. Die eigentlichen kunsthistorischen Schätze von St. Remy erreicht man

Die Kalkfelsen von Les Baux sind ein reizvolles Etappenziel.

Nr/km	Road	Position	Richtung	Information
18 / 7	D 74	D 99	Eygalières	
19 / 8	D 24	Eygalières	Orgon	
20 / 7	D 26	Orgon	Cavaillon	
21 / 10	D 938	Cavaillon	L'Isle-sur-la-Sorgue	
22 / 5	D 25	L'Isle sur-la-Sorge	Fontaine-de-Vaucluse	Hotel Cantosorgue, L'Isle-sur-la-Sorgue, cours Fernande Peyre, Tel. 04 90 20 81 81; Hotel Nevons, chem. des Nevons, Tel. 04 90 20 72 00

auf der D 5 nach Süden, die mitten in die Kalkfelsen der Alpilles, vor allem aber in die römischen Ruinen von Glanum führt, die bereits 1921 ausgegraben wurden, aber immer noch Geheimnisse bergen. Die herausragenden Fundstücke sind der Ehrenbogen und das 18 Meter hohe Juliermonument, letzteres die wohl am besten erhaltene Plastik der Römerzeit in der Provence.

Zwischen St. Remy und Glanum führt eine kleine Straße ostwärts zu der Abtei St. Paul-de-Mausole, das zu einem Sanatorium umgebaut wurde und in dem sich der Maler Vincent van Gogh behandeln ließ, nachdem er sich in einem hysterischen Anfall in

Arles ein Ohr abgeschnitten hatte. Aus seinem Zimmer blickt man noch heute auf Getreidefelder, die ihn zu einigen seiner berühmtesten Gemälde inspiriert haben dürften. Wenige Schritte weiter, im Mas de la Pyramide, sind die schönsten Steindenkmäler der Römerzeit versammelt, die in dieser Gegend gefunden wurden.

Auf der N 99 geht es in Richtung Cavaillon, allerdings nicht ohne einen kurzen Abstecher über die D 74 nach Eygalières zu unternehmen – ein „village perché", zu Deutsch ein „Dorf, das wie der Vogel auf dem Nest sitzt", also auf einem Hügel. Über die D 24 nach Orgon an der Rhone und auf der D 26 gelangt man nach Cavaillon, der Melonenstadt.

Ein Ausflug nach Lamanon, zu erreichen von Orgon über Senas in Richtung Salon auf der N 7, führt zu einer der größten prähistorischen Höhlen Frankreichs.

Von Cavaillon geht es auf der D 938 nach L'Isle-sur-la-Sorgue, einem kleinen Städtchen, das im wesentlichen aus Antiquitätengeschäften und – jeweils am Wochenende – aus einem ausgedehnten Trödlermarkt besteht. Kurz hinter dem Ort, nach einer Brücke über den Fluss Sorgue, zweigt die D 25 rechts zur Fontaine-de-Vaucluse ab, einem beliebten Ausflugsziel und jahrelangen Aufenthaltsort des Dichters Petrarca.

Für den Besuch der beeindruckenden Karstquelle der Sorgue sollte man nicht unbedingt einen Sonntag wählen, weil dann dort Volksfeststimmung herrscht. Die Sammlung Norbert Casteret, ein Naturmuseum im Dorf, gibt einen Einblick in die Reize der Höhlenforschung.

Die römischen Ruinen von Glanum bei St. Remy gehören zu den größten kunsthistorischen Schätzen der Provence.

Auskunft
Villeneuve-les-Avignon
1, place Charles-David
Tel. 04 90 25 61 33

Tarascon: Office de Tourisme
59, rue des halles
Tel. 04 90 91 03 52

Les Baux: Office de Tourisme
Hotel de Manville
Tel. 04 90 54 34 39

St. Remy: Office de Tourisme
place Jean Jaurés
Tel. 04 90 92 05 22

Service-Stationen
Avignon: Technic Moto
41, route de Lyon
Tel. 04 90 86 99 55

Beaucaire: Elf, D 999
Tel. 04 66 59 16 75

Cavaillon: Technimoto
393, avenue Auguste Bertrand
Tel. 04 90 71 18 27

Fontvieille: Shell,
cours H. Bellon
Tel. 04 90 54 62 79

L'Isle-sur-la-Sorgue:
Pyramide Motos
cours Emile Zola
Tel. 04 90 38 18 22

St. Remy: Elf
41, avenue Libération
Tel. 04 90 92 19 86

Übernachtungen
Hotel Moderne
Remoulins
8, av. Geoffroy-Perret
Tel 04 66 37 20 13

Hotel Echevins
Tarascon
26, bd. Itam
Tel. 04 90 91 01 70

Hotel Daudet
Fontvieille
rt. Arles
Tel. 04 90 54 76 06

Mas de l'Oulivié
Les Baux
Tel. 04 90 54 35 78

Auberge de la Reine Jeanne
St. Remy
12, bd. Mirabeau
Tel. 04 90 92 15 33

Hotel L'Amandière
St. Remy
av. Plaisance du Touch
Tel. 04 90 92 41 00

Hotel Cantosorgue
L'Isle-sur-la-Sorgue
cours Fernande Peyre
Tel. 04 90 20 81 81

Hotel Nevons
L'Isle-sur-Sorgue
chem. des Nevons
Tel. 04 90 20 72 00

Wetter
Ganzjährig relativ mild.

9 Auf das Plateau de Vaucluse: von Carpentras nach Roussillon und Sault

Ausgangsort
Carpentras

Zielort
Carpentras

Gesamttourenlänge
Rund 150 km

Zeitbedarf
1 Tag

Anschluss
Tour 12 in Carpentras

Sehenswertes
Papststadt Carpentras: Kirche, Museen. Gorges und Passstraße de Murs. Roussillon: Altstadt, Ocker-Steinbrüche. Apt: Kathedrale der heiligen Anna mit Krypta.
Evtl. Abstecher ins Tal von Coulon: Von Apt über die D 48 nach Saignon, dann über D 232 und D 113 zurück nach Apt. Nach Sault durch die Gorges de la Nesque zurück nach Carpentras.

Kurzbeschreibung
Rund um das Plateau de Vaucluse. Von der alten Papststadt Carpentras über die kurvige D 4 durch die Gorges de Murs und über den Col de Murs mit Aussicht auf das Felsmassiv de Lioux. Bei Roussillon zu den Ocker-Felsbrüchen. Über die voralpine Stadt Apt nordwärts auf über 1000 Meter Höhe nach Sault und von dort durch die eindrucksvollen Gorges de la Nesque und wieder zurück nach Carpentras.

Die Bergroute auf das Vaucluse-Plateau erfordert kein großes Gepäck.

Carpentras! Zwar wohnten die Päpste während ihrer „babylonischen Gefangenschaft" im 14. Jahrhundert im benachbarten, vergleichsweise kultivierteren Avignon, doch die Hauptstadt des „Comtat-Venaissin" genannten päpstlichen Staates war Carpentras. Allerdings verfügt die Stadt im Schatten des Mont Ventoux noch über weit mehr Interessantes außer der Papstgeschichte. Beispielsweise bestand hier bereits zu alten Zeiten eine große jüdische Gemeinde, was für die Toleranz der Bürger spricht. Die Kathedrale Saint-Siffrein, das jüdische Tor und das Rathaus sind architektonische Besonderheiten. Carpentras ist eines der geistigen Zentren des Midi, wie man Frankreichs Süden beiderseits der Rhone nennt.

Es liegt daher nahe, von hier aus einen Ausflug auf das Plateau de Vaucluse zu unternehmen. Die D 4

Weit leuchten die kräftigen Farben der Ockerfelsen bei Roussillon.

führt zunächst nach Venasque, wo die Geschichte bis in das 7. Jahrhundert zurück reicht. Die kurvenreiche Bergstrecke, durch Schluchten und über den Col de Murs, erreicht schließlich das Dorf Murs, wo die friedliche Abgeschiedenheit zur Rast auf dem Marktplatz einlädt.

Von Murs kann man über die D 15 nach Norden hinauf zum Plateau de Vaucluse fahren. Am Col de la Ligne, unmittelbar auf der Passhöhe, lohnt es sich, auf die Reste einer alten, langen Mauer zu achten. Diese Mauer wurde im 18. Jahrhundert errichtet, insgesamt fast einhundert Kilometer lang, als Grenze gegen die sich mit rasender Geschwindigkeit im ganzen Land ausbreitende Pest.

Wir fahren weiter auf der D 4: An vielen Punkten hat man einen wahrhaft herrlichen Ausblick auf die sich weit unten ausbreitenden Weinber-

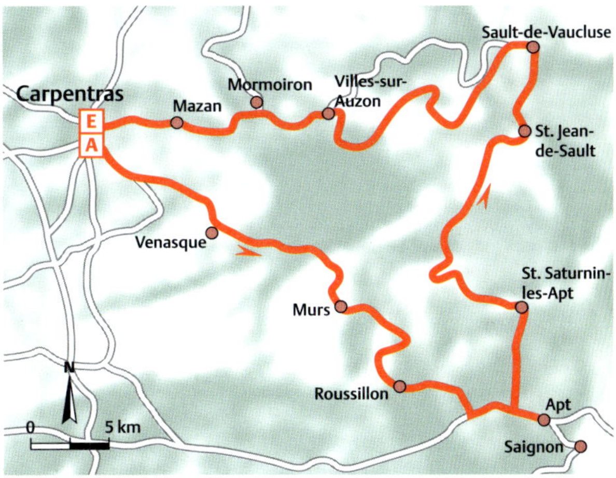

Motorradtouren in Südfrankreich

Region: Provence – Plateau de Vaucluse
Etappe: Carpentras – Roussillon – Sault – Carpentras
Karten: Michelin 81

Nr/km	Road	Position	Richtung	Information
1 4	D 4	Carpentras	Apt	Besichtigung / Bergfahrt Hotel Siècle, in Mazan bei Carpentras (über D 952), Tel. 04 90 69 75 70
2 2	D 4	Kreuzung D 4 / D 39 (Flugplatz)	Apt	
3 5	D 4	Kreuzung D 4 / D 1	Apt	
4 3	D 4	Abzweig nach Venasque	Apt	
5 14	D 4	Kreuzung D 4 / D 117	Apt	
6 8	D 4	Murs	A Apt	Col de la Ligne A
7 3	D 2	Kreuzung D 4 / D 2	Gordes	
8 3	D 102	Kreuzung D 2 / D 102	Roussillon A	Gordes A
9 3	D 104	Roussillon	Apt	Nach Gordes; Hotel Les Sables d'Ocre, Roussillon, rt. D'Apt, Tel. 04 90 05 55 55; Mas de Garrigon (an der D 2), Tel. 04 90 05 63 22 A
10 2	D 4	Kreuzung D 104 / D 4	Apt	
11 2	D 4	Kreuzung D 4 / D 201	Apt	
12 5	N 100	Kreuzung D 4 / N 100	Apt	
13 2	N 100	Apt	Avignon	Relais de Roquefure, Apt (N 100 Ri. Cavaillon), Tel. 04 90 04 88 88; Auberge du Presbytière, Saignon, Tel. 04 90 74 11 50
14 4	D 943	Kreuzung N 100 / D 943	Sault-de-Vaucluse	
15 0,5	D 943	Kreuzung D 943 / D 111	Sault	
16 4	D 943	Kreuzung D 943 / D 83	Sault	
17 7	D 943	St. Sarturnin	Sault	

ge, Felsen und Hügel. Besonders beeindruckend ist der Combe de Lioux, eine steil aufragende Felswand im Osten. Solche Brüche und Kanten sind geologisch wenig erstaunlich, denn das Plateau de Vaucluse besteht aus Kalkgestein, das eher bricht als verwittert. Rund 200 Höhlen sind in diesem Gestein entstanden – der Aven d'Aurel ist 130, der Aven Jean-Nouveau sogar 350 Meter tief.

Etwa zwei Kilometer hinter Gardiols verlassen wir die D 4 und fahren eine kurze Strecke auf der D 2, dann auf der D 102 in Richtung Roussillon. Jetzt befinden wir uns zwischen dem Vaucluse-Plateau und dem Luberon (siehe auch Tour 17). In Roussillon hat man von der „Castrum" genannten Aussichtsterrasse nordwärts den Mont Ventoux und im Süden, jenseits des Tals von Coulon, den Luberon vor sich.

Ein schöner Ausflug führt nach Gordes, das mit seinem Schloss auf blutige Weise in die Geschichte eingegangen ist: 1545 stürmten die vereinigten Truppen von König und Papst das von der Waldenser-Sekte besetzte Schloss und rottete die Besatzung und den größten Teil der Einwohner des Ortes aus. Heute ist das Schloss in privatem Besitz und nicht zu besichtigen. Sehenswert ist allerdings das Museumsdorf Village des Bories südlich von Gordes (D 2, dann nach rechts). Die berühmteste Sehenswürdigkeit der Region ist das romanische Zisterzienserkloster, die Abtei von Senanque (nordwärts über die D 177).

Im Nationalpark des Luberon.

Wir setzen die Fahrt auf der D 104 durch die „Chaussee der Riesen" fort, womit gigantische Felsblöcke gemeint sind. Von der D 104 aus sollte man den etwa zwei Kilometer entfernten Waldrand im Süden im Auge behalten: Sobald es dort rötlich aufleuchtet und ein unscheinbarer Feldweg geradewegs in diese Richtung nach rechts abbiegt, geht es zu den berühmten Ocker-Steinbrüchen von Roussillon. Hier wird der Rohstoff für die rotbraune Farbe gewonnen, dessen Bedeutung auch im Zeitalter der Chemie kaum gelitten hat – ein Kilogramm kostet etwa 30 Francs. Die Steinbrucharbeiter sehen Besucher nicht allzu

Nr/km	Road	Position	Richtung	Information
18 14	D 943	Kreuzung D 943 / D 60	Sault	
19 7	D 943	St. Jean-de-Sault	Sault	
20 3	D 1	Sault	Carpentras	Hotel Albion, Sault, Tel. 04 90 64 06 22
21 22	D 942	Kreuzung D 1 / D 942	Carpentras	
22 5	D 942	Villes-sur-Auzon	Carpentras	
23 5	D 942	Mormorion	Carpentras	
24 7	D 942	Mazan	Carpentras	

gerne, lassen sie aber mit provenzalischem Gleichmut zwischen den Ockerfelsen spazieren gehen.

Auf der N 100 geht es weiter nach Apt. Die Stadt der Ockerfarbe ist bekannt durch Fayencen und durch den Parc du Luberon (Place Jean-Jaurès), einer für die Region typischen Pflanzensammlung. Von Apt geht es einige Kilometer auf der N 100 zurück, bis kurz hinter der Stadtgrenze die D 943 nach Norden in Richtung St. Saturnin-les-Apt abzweigt, einem kleinen, typisch provenzalischen Dorf an einem Stausee. Das Schloss wurde in den Religionskriegen zerstört.

Die Straße wendet sich zunächst nach Westen, dann nordwärts bis Sault (siehe dazu Tour 10). Von dort drei Kilometer auf der D 1 in Richtung Westen, dann zweigt die D 942 links ab, die durch die Gorges de la Nesque führt. Gegenüber des Rocher du Cire – eine Tafel markiert den Giganten dieser Felslandschaft – bietet sich die beste Aussicht auf den schönsten Abschnitt der Schlucht. In Villes-sur-Auzon kehren wir wieder auf die D 1 zurück, die sich westwärts als D 942 nach Carpentras fortsetzt.

Auskunft
Carpentras:
Office de Tourisme
170, av. J. Jaurès
Tel. 04 90 63 00 78

Roussillon:
Office de Tourisme
place de la Poste
Tel. 04 90 05 60 25

Apt: Office de Tourisme
av. Ph. de Girard
Tel. 04 90 74 03 18

Sault: Office de Tourisme
av. Promenade
Tel. 04 90 64 01 21

Service-Stationen
Apt: Shell, Quai Lancon
Tel. 04 90 74 13 97

Carpentras:
Max Motocycles
126, Avenue ND de Santé
Tel. 04 90 60 64 34

Sault: Total, quartier Citadelle
Tel. 04 90 64 02 35

Übernachtungen
Hotel Siècle
Mazan bei Carpentras
(über D 952)
Tel. 04 90 69 75 70

Hotel Les Sables d'Ocre
Roussillon
rt. d'Apt
Tel. 04 90 05 55 55

Mas de Garrigon,
Roussillon (an der D 2)
Tel. 04 90 05 63 22

Relais de Roquefure
Apt (N 100 Ri. Cavaillon)
Tel. 04 90 04 88 88

Auberge du Presbytière
Saignon
Tel. 04 90 74 11 50

Hotel Albion
Sault
Tel. 04 90 64 06 22

Wetter
Auf den Bergstrecken drohen während der kalten Jahreszeit unerwartete Schneefälle. Informationen sind bei den örtlichen Tourismusämtern oder beim nationalen Wettertelefon (siehe Seite 111) zu bekommen.

„Brocantes" sind Fundgruben für die Liebhaber von Trödel und Antiquitäten.

Auf und rund um den Mont Ventoux: von Beaumes über Buis und Malaucène nach Sault

10

Ausgangsort
Beaumes-de-Venise

Zielort
Sault

Gesamttourenlänge
Rund 200 km

Zeitbedarf
1 Tag

Anschluss
Tour 9 und 12 in Carpentras

Sehenswertes
Beaumes-de-Venise: Stadtmauer, Altstadt, Kathedrale.
Crestet: Schloss der Bischöfe von Vaison-la-Romaine.
Sault: Kirche St. Saveur, Museum. Mont Ventoux mit Observatorium.

Kurzbeschreibung
Zunächst führt die Strecke von Beaumes-de-Venise durch zahlreiche Weinorte in die Nähe von Vaison-de-Romaine, wo sie nach Osten und damit nördlich des Mont Ventoux in die vorderen Seealpen abbiegt. Durch kleine Orte und zahlreiche Kurven erreichen wir Sault, wo wir zur Spitze des Mont Ventoux ansetzen. Auf der anderen Seite Abfahrt nach Malaucène, von wo aus wir die Bergausläufer südlich umfahren und wieder nach Sault gelangen.

Beaumes-de-Venise ist der Startort dieser Tour, einer der zahlreichen renommierten Weinorte der Region. Auf der D 90 kommen wir nach Suzette, das ebenfalls durch einen vorzüglichen „Côtes de Provence" bekannt ist und von dem Felsmassiv der „Dentelles de Montmirail" (siehe Tour 12) überragt wird. Bei Crestet fahren wir ostwärts auf die D 76, bis wir die D 938 erreichen. Auf dieser geht es ungefähr einen Kilometer nach Norden in Richtung Vaison-la-Romaine, dann rechts ab auf die D 54 nach Entrechaux.

Natürlich sollte man, so kurz vor den Toren der Stadt, einen Besuch in

Beaumes-de-Venise eignet sich gut als Ausgangspunkt durch das Weinbaugebiet der Côtes de Provence.

Motorradtouren in Südfrankreich

Region: Provence – Mont Ventoux
Etappe: Beaumes – Buis – Malaucène – Sault
Karten: Michelin 81

Nr/km	Road	Position	Richtung	Information
1 / 8	D 90	Beaumes-de-Venise	Vaison-la-Romaine	Anschluss an Tour 12; Hotel Siècle, Carpentras (in Mazan/über D 942), Tel. 04 90 69 75 70; Hotel Select (in Monteux/5 km über D 942), Tel. 04 90 66 33 05
2 / 9	D 90	Suzette	Crestet	Durch die Dentelles de Montmirail
3 / 2	D 76	Crestet	N 938	
4 / 1	N 938	Kreuzung N 938 / D 76	Vaison-la-Romaine	
5 / 3	D 54	Kreuzung D 938 / D 54	Entrechaux	
6 / 2	D 13	Entrechaux	Buis	
7 / 6	D 5	Übergang D 13 / D 5	Mollans-sur-Ouvèze	
8 / 3	D 5	Cost	Buis-les-Baronnies V	Abkürzung nach Montbrun V
9 / 2	D 546	Buis	Séderon	
10 / 11	D 546	Kreuzung D 546 / D 108	Séderon	
11 / 16	D 546	Kreuzung D 546 / D 64	Séderon	
12 / 1	D 542	Kreuzung D 546 / D 542	Séderon	
13 / 1	D 542	Séderon	Montbrun-les-Bains	
14 / 14	D 542	Kreuzung D 542 / D 546	Montbrun	
15 / 6	D 542	Montbrun	Aurel	
16 / 27	D 974	Kreuzung D 164 / D 974	Mt. Ventoux/ Berghöhe	
17 / 3	D 938	Malaucène	Carpentras	

Nicht nur vom Mont Ventoux, sondern auch von den zahlreichen Anhöhen in diesem Gebiet tun sich erstrangige Panoramen auf.

Vaison-la-Romaine nicht versäumen, handelt es sich doch um einen der interessantesten Orte der Provence. Dies gilt nicht nur für die römischen Ausgrabungen, sondern auch für die Bedeutung als Handelszentrum. In der Ferienzeit findet an fast jedem Wochenende ein Markt statt, und seit einigen Jahren gibt es auch regelmäßig Aufführungen im antiken Theater (siehe auch Tour 12).

Doch zurück zur D 13, der wir hinter Entrechaux ostwärts folgen und deren Bezeichnung sich bald in D 5 ändert. Sie führt über Mollans und

Nr/km	Road	Position	Richtung	Information
18 / 9	D 19	Kreuzung D 983 / D 19	Bédoin	Hotel Albion, Sault, Tel. 04 90 64 06 22
19 / 15	D974	Bédoin	Sault	!
20 / 20	D 164	Kreuzung D 974 / D 164	Sault	Anschluss an Tour 9

Cost (von hier könnte man eine abkürzende Variante direkt nach Montbrun-les-Bains fahren) entlang dem Flüsschen Ouvèze nach Buis-les-Baronnies. Wir setzen die Fahrt auf der D 546 fort, fahren durch das Felsental der Gorges d'Ubrieux und durch zahlreiche Dörfer wie etwa La Rochette-de-Buis. Etwa einen Kilometer hinter Villefranche-le-Château erreichen wir eine Kreuzung, an der wir auf die D 542 nach Séderon abbiegen. Die Route führt über den mehr als 1000 Meter hohen Col de Macuègne und durch zahllose Kurven nach Montbrun-les-Bains, einem Bergort mit Burgruine.

An dieser Stelle ließe sich die Tour abkürzen, indem man auf der D 72 und D 41 ins Tal der Ouvèze zurückkehrt. Wer bereits in Cost diese Variante wahrgenommen hat, trifft hier wieder auf die Hauptroute. Diese führt nun auf interessanter Strecke weiter auf der D 542, die irgendwann unmerklich in die D 42 nach Sault übergeht. Zwischen Aurel und Sault kann man eine der hier zahlreichen Höhlen besuchen, gekennzeichnet durch ein schon etwas verwittertes „Aven"-Hinweisschild an einem Parkplatz. Von Sault geht es rechts ab auf die D 164, die in die D 974 übergeht und kurvenreich zur Spitze des Mont Ventoux führt.

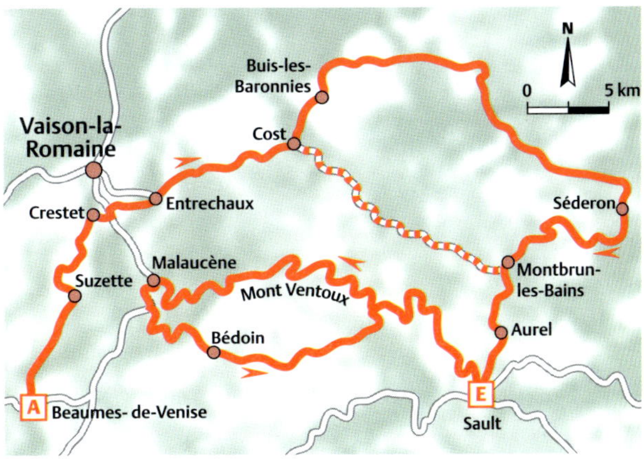

Das Observatorium auf der Bergspitze liegt fast 2000 Meter hoch. Die Aussicht reicht bis in die Berge des Luberon und nach Marseille. Die Bergspitze ist kahl und nichts als eine Fläche aus Kalkgeröll, über die Stürme mit bis zu 250 km/h fegen. Ursprünglich war der Berg dicht bewaldet. Doch im Laufe der Jahrhunderte wurden diese Wälder gerodet, bis der Berg schließlich nur noch ein riesiger Geröllhaufen war. Erst um 1860 entschloss man sich, den Berg wieder aufzuforsten. Seit 1994 führt die UNESCO den Berg auf der Liste der schützenswerten Naturlandschaften, in der über tausend Pflanzen- und etwa hundert Vogelarten gezählt wurden. Zum Berg führen zwei Straßen: die D 974 vom südlich gelegenen Bédoin aus, bereits 1882 eingeweiht, sowie die Strecke der D 974, die sowohl von Malaucène wie – über die D 164 – von Sault aus zum Gipfel führt.

Die Abfahrt führt uns nach Malaucène, wo Anfang des 14. Jahrhunderts Papst Clemens V. lebte, auf den auch die romanische Kirche zurückgeht. Von dem Schloss ist nur noch eine Plattform auf der Bergspitze vorhanden, um die alle Häuser kreisförmig angeordnet sind. Auch von der Stadtmauer stehen nur noch zwei Tore.

Nun fahren wir einige Kilometer auf der D 938 in Richtung Carpentras, um an einem Aussichtsplateau nach links auf die D 19 abzubiegen, die später in Bédoin in die D 974 mündet. Der Weg führt südlich des Mont Ventoux zurück in Richtung Sault, in romantischer Berg- und Talfahrt, durch winzige Orte, kurvenreich und ständig flankiert von Krüppeleichen und Olivenhainen. In St. Estève fahren wir durch eine steile Kurve, die bei Automobilrennen früherer Zeiten eine bedeutende Rolle gespielt hat.

Auf der D 164 kommen wir schließlich zurück nach Sault, einem Zentrum des Lavendelanbaus und im Winter ein beliebtes Ziel der Skitouristen.

Der Ausflug zum Mont Ventoux zählt zu den unerlässlichen Touren in der Provence. An klaren Sonntagen herrscht auf dem Gipfel schnell Parkplatznot. Doch die Aussicht auf die wie Kinderspielzeug wirkenden Dörfer und über zwei Dutzend der wichtigsten Alpengipfel bieten genug Ausgleich.

Auskunft
Beaumes-de-Venise:
Office de Tourisme
cours Jean Jaurès
Tel. 04 90 62 94 39

Carpentras:
Office de Tourisme
170, av. J. Jaurès
Tel. 04 90 63 00 78

Sault: Office de Tourisme
av. Promenade
Tel. 04 90 64 01 21

Malaucène: Office de Tourisme
place Mairie
Tel. 04 90 65 22 59

Service-Stationen
Malaucène: Total, RD 938
Tel. 04 90 65 20 26

Übernachtungen
Hotel Siècle
Mazan bei Carpentras
(über D 942)
Tel. 04 90 69 75 70

Hotel Select
Monteux bei Carpentras
(5 km Richtung Avignon über D 942)
Tel. 04 90 66 33 05

Hotel Albion
Sault
Tel. 04 90 64 06 22

Wetter
Ab Frühherbst und bis zum späten Frühjahr ist von der Tour wegen plötzlicher Schneefälle vor allem auf den Höhenstraßen am Mont Ventoux abzuraten, auch wenn die Wege nicht gesperrt sind. Wetterauskünfte sind bei den Tourismusämtern oder beim nationalen Wettertelefon (siehe Seite 111) zu erfragen.

Der gute Rat
Die Region um den Mont Ventoux ist ganzjähres Ziel vieler Touristen, im Sommer der Wanderer, im Winter der Skitouristen. Deshalb sollte man an Wochenenden den Berg meiden.

Rund um den Mont Sainte Victoire: ab Aix-en-Provence über Vauvenargues und Peyrolles

11

Aix-en-Provence, erste Stadtgründung der Römer in ihrer gallischen Provinz und eine der schönsten Städte Frankreichs, ist der Ausgangspunkt dieser Tour, die rund um den Mont Ste. Victoire führt – den Berg, der dem Maler Paul Cézanne für viele seiner Bilder als Motiv diente und deshalb als eine Art kultureller Schwerpunkt gilt. Ein bestimmtes Motiv „in Serie" zu malen war eine wesentliche Voraussetzung für die Entwicklung der Fotografie und des Films. Auch neue Kunstrichtungen wie der Kubismus wurden durch die wechselnde Sichtweise und immer wieder neuen Interpretationen des Raumes

Ausgangsort
Aix-en-Provence

Zielort
Aix-en-Provence

Gesamttourenlänge
Rund 90 km

Zeitbedarf
Etwa ein halber Tag

Anschlüsse
Tour 19 in Marseille

Sehenswertes
Aix-en-Provence: Altstadt, Cours Mirabeau und Quartier Mazarin, Kathedrale, Erzbischofspalast, Eglise de la Madeleine, Museen, Märkte. Route Cézanne: Château Noir und Château Gallifet bei Tholonet. La Croix de Provence bei Puyloubier. Tal des Arc (D 56 C). Vauvenargues: Renaissanceschloss (Picasso-Besitz), Stausee Bimont.

Kurzbeschreibung
Von Aix folgt man auf der D 17 der so genannten „Route Cézanne", dann weiter westwärts bis Pourrières mit Blick auf den Mont Ste. Victoire. Die weitere Route führt zunächst nach Norden und dann westwärts rund um den Berg, holt schließlich weit nach Norden bis Peyrolles aus, um wieder nach Aix zurück zu führen.

Mit rund 1000 Meter Höhe weithin sichtbar, bietet das Gebirgsmassiv Sainte Victoire immer wieder unterschiedliche Perspektiven.

Motorradtouren in Südfrankreich

Region: Provence – Mt. Ste. Victoire
Etappe: Aix-en-Provence – Vauvenargues – Peyrolles – Aix
Karten: Michelin 84

Nr/km	Road	Position	Richtung	Information
1 / 9	D 17	Aix-en-Provence	Le Tholonet	Route Cézanne; Hotel Du Globe, Aix-en-Provence, 74, cours Sextius, Tel. 04 42 26 03 58
2 / 3	D 17	Le Tholonet	Pourrières	Relais Ste. Victoire, Beaurecueil, Tel. 04 42 66 94 98
3 / 6	D 17	Kreuzung D 17 / D 46	Pourrières	
4 / 6	D 17	Kreuzung D 17 / D 56	Pourrières	
5 / 12	D 17	Puyloubier	Pourrières	
6 / 8	D 23	Pourrières	Le Puits-de-Rians	
7 / 2	D 223	Le Puits	Vauvenargues	
8 / 8	D 10	D 223	Vauvenargues	
9 / 9	D 11	Vauvenargues / Ortsrand	Jouques	Zum Mont St. Victoire
10 / 1	D 11	Kreuzung D 11 / D 61	Jouques	
11 / 6	N 561	Jouques	Peyrolles-en-Provence	
12 / 6	N 96	Peyrolles	Meyrargues	
13 / 6	N 96	Meyrargues	Aix	
14 / 8	N 96	Kreuzung N 96 / N 556	Aix	Zum Aquädukt von Roquefavour (D 64)

maßgeblich bestimmt. Cézanne betrieb seine „Einkreisung“ des Berges geradezu planmäßig. Er malte ihn von Le Tholonet aus, auf der Straße von Vauvenargues oder im Süden bei Gardanne. Kunstkenner behaupten, wenn man Cézanne verstehen wolle, müsse man „sich auf den Berg einlassen“. Auch in Deutschland hat der Schriftsteller Peter Handke mit seinem Buch „Die Lehre der Sainte-Victoire“ den Berg bzw. das Massiv bekannt gemacht.

Ein Besuch des Cézanne-Ateliers in Aix lohnt sich ebenso wie ein Spaziergang durch die Altstadt oder durch das von Erzbischof Mazarin im 17. Jahrhundert geschaffene „Quartier Mazarin“.

Unsere Route ist eine ausgesprochene Schönwetterstrecke ohne besondere Anforderungen an fahrerische Fähigkeiten, obgleich sie einen ersten Eindruck von der voralpinen Hochprovence vermittelt. Von der Stadtmitte geht es auf der D 17 über Le Tholonet an Le Bouquet vorbei; ein kurzer Abstecher in den Ort gestattet einen ersten Ausblick auf den Ste. Victoire. Von Le Tholonet führt übrigens die D 58 in Richtung Meyreuil, wo es im Château Simone einen vorzüglichen Weißwein gibt, den man sich keinesfalls entgehen lassen sollte. In St. Antonin-sur-Bayon lohnt sich ein Besuch des Maison de la Ste. Victoire, wo ständig Ausstellungen und Veranstaltungen stattfinden.

Vorbei an den fast 1000 Meter hohen Bergzügen der La Croix de Provence fahren wir auf der D 17 weiter nach Puyloubier, wo sich die Straße als D 57 fortsetzt. Hier liegt auch das Château du Général, ein großes Sanatorium für Invaliden der Fremdenlegion mit einem angeschlossenen Museum über verschiedene Aktivitäten der „Cépi Blanc“. In Pourrières wenden wir uns auf der D 23 nordwärts. Nach etwa sieben Kilometer wechseln wir am

Der Sainte Victoire ist der Hausberg von Aix-en-Provence und berühmt durch die Gemälde von Paul Cézanne.

Ortsrand von Le Puits-de-Rians abermals die Richtung und fahren auf der D 223 nach Westen. Schon bald kommen wir auf die D 10, und kurz hinter Claps geht es steil aufwärts – mit 15 Prozent eine der steilsten Straßen Europas. Dann die Abzweigung nach Norden zur D 11, die den Canal de Provence überquert und in Jouques endet. Jetzt sind wir im Tal der Durance angekommen, einem für die Wasserversorgung von Marseille wichtigen Fluss. Als im 19. Jahrhundert der Canal de Marseille gebaut und damit ein erheblicher Teil der Wassermenge abgeleitet wurde, trockneten ganze Regionen zum Nachteil der Obst- und Weinbauern dieser Gegend aus. Die Nationalstraße 96 führt uns zurück nach Aix. Kurz bevor die N 96 auf die N 7 trifft, also bereits in der Vorstadt von Aix, passieren wir rechts das Plateau d'Entremont mit schöner Aussicht auf Stadt und Hinterland.

Doch nochmals zurück zur Kreuzung von D 10 zur D 11 nach der großen Steigung: Der nächste Ort – fährt man die D 10 in Richtung Westen weiter – heißt Vauvenargues und wird bestimmt durch das Schloss aus dem 17. Jahrhundert oberhalb des so genannten „Teufelstals". Unmittelbar vor Vauven-

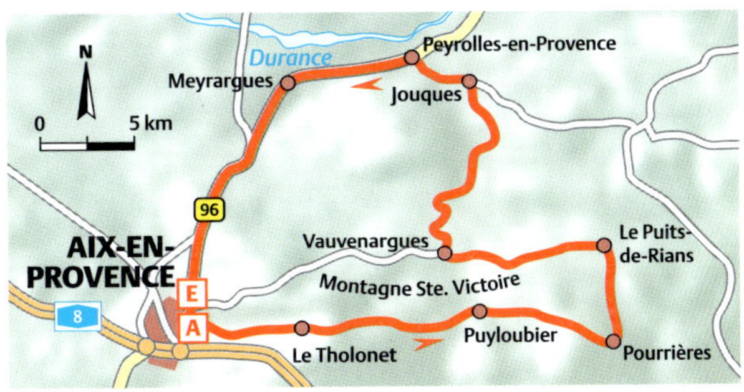

argues steht noch ein weiteres Schloss, ein Renaissancebau aus dem 14. Jahrhundert, in den sich eines Tages ein Maler verliebte. Der Mann kaufte das Anwesen und verkündete: „Ich habe den Mont Ste. Victoire gekauft“. Der Maler hieß Pablo Picasso, der im Garten seines Schlosses gemeinsam mit seiner Frau Jacqueline begraben liegt. Der Plan der Picasso-Stieftochter Cathérine, hier ein Museum des berühmten Besitzers einzurichten, scheiterte am Widerstand der Dorfbewohner, die um ihre provenzalische Ruhe fürchten. Seither ist das Anwesen verriegelt und unzugänglich.

Bevor wir Vauvenargues erreichen, gleich am Ortsschild, zweigt links eine kleine Straße zum Mont Ste. Victoire ab, eines der interessantesten geologischen Gebiete der Welt, wo bereits 65 Millionen Jahre alte Sauriereier gefunden wurden – zu besichtigen im naturhistorischen Museum in Aix. Leider sperrt die Provinzregierung während der Sommermonate die meisten Zufahrten zum Berg, nachdem es wiederholt zu Waldbränden gekommen ist, so beispielsweise im August 1989, als der Ste. Victoire einen erheblichen Teil seine Waldbestandes einbüßte. Einige Kilometer hinter Vauvenargues liegt der Stausee von Bimont, der zwar mehr als 60 Gemeinden der Region als Wasserreservoir dient, aber auch zum Baden einlädt.

Ein Ausflugsziel von besonderem Kaliber ist von Aix aus in Richtung Westen auf der D 64 zu erreichen: Dort steht der Aquädukt von Roquefavour, eine imposante Wasserleitung, ausgeführt als Viadukt über das Arc-Tal und Teil der Wasserversorgung von Marseille. Vorbild für die Konstruktion aus dem Jahr 1842 war unverkennbar der römische Pont du Gard bei Remoulins. Doch obgleich die moderne Kopie mit 375 Meter Länge und 82 Meter Höhe wesentlich größer ist, erscheint das antike Original eindrucksvoller. Abschließen kann man diesen Ausflug mit einem Besuch der für die Provence typischen Schlösser, „Bastiden“ genannt, die ehemals dem Landadel gehörten und deshalb einen etwas rustikalen Charakter aufweisen. Direkt neben dem Einkaufszentrum des Stadtteils Les Milles, etwas südlich der D 64, steht das Château de la Pioline. Noch weiter südlich, an der D 59, stößt man auf das Château Lenfant sowie die durch ihre Gärten bekannte Domaine d’Albertes, ein unvollendeter Bau, weil vor der Einweihung 1790 der Besitzer ermordet wurde. Diese und einige weitere Schlösser kann man auch im Rahmen einer vom Office de Tourisme organisierten Rundfahrt besuchen und besichtigen.

Nicht immer erlauben die Straßen zügiges Vorankommen, und manche „Route Forestière“ ist im Sommer wegen Waldbrandgefahr ganz gesperrt.

Auskunft
Aix-en-Provence:
Office de Tourisme
2, place du Général-de-Gaulle
Tel. 04 42 26 02 93

Service-Stationen
Aix-en-Provence:
Gambetta Motos
37, cours Gambetta
Tel. 04 42 96 00 85

Jouques: Elf, CD 651
Tel. 04 42 67 54 57

Übernachtungen
Hotel Du Globe
Aix-en-Provence
74, cours Sextius
Tel. 04 42 26 03 58

Relais Ste. Victoire
Beaurecueil
Tel. 04 42 66 94 98

Wetter
Während der Wintersaison problematisch wegen plötzlicher Schneefälle im Bergland.

Der gute Rat
Führen Sie auf der Reise einen Kompass mit. Häufig endet die Ausschilderung von kleineren Departement-Straßen unvermittelt. Dann bleibt für die Orientierung nur noch die Himmelsrichtung.

12 Auf römischen Spuren nordöstlich von Orange: von Carpentras über Nyons nach Vaison-la-Romaine

Ausgangsort
Carpentras

Zielort
Vaison-la-Romaine

Gesamttourenlänge
Rund 160 km

Zeitbedarf
1 Tag

Anschluss
Tour 9 in Carpentras, Tour 10 bei Vaison-la-Romaine

Sehenswertes
Carpentras: siehe Tour 9. Vaison-la-Romaine: Römische Ausgrabungen, Amphitheater, römische Brücke, Schlossruine, Kathedrale Notre-Dame de-Nazareth, Museen. Nyons: Altstadt, römische Brücke. Gorges d'Ubrieux.

Kurzbeschreibung
Von Carpentras durch die berühmten Weinorte Vacqueyras, Gigondas und Séguret nach Vaison-la-Romaine und weiter nach Nyons. Durch die Schlucht der Eygues, über die Passstraße Col d'Ey ins Tal der Ouvèze, durch die Gorges d'Ubrieux nach Buis-les-Baronnies und zurück nach Vaison-la-Romaine.

Von Carpentras starten wir auf der D 7 in Richtung Vacqueyras, Gigondas, Sablet und Séguret, allesamt Weinorte mit großen Namen. Es lohnt sich in jedem Fall, bei einer der „Cooperatives" einen Zwischenstop einzulegen, auch wenn damit das Risiko verbunden ist, als Folge der Weintests die Fahrt für einen Tag unterbrechen zu müssen.

Carpentras ist ein bedeutender „marché primeur", also Umschlagplatz für Frischwaren wie Gemüse und Obst. Dieses Markttreiben reicht bis in die keltische Urzeit zurück. Der Aufstieg begann jedoch erst, als die Päpste ins Land kamen und Carpentras zur Hauptstadt der Grafschaft Venaissin erklärten: Der Exil-Papst Clemens V. lebte im nahen Schloss Monteux, und Innozenz IV. bescherte der Stadt ihre Mauern, an die heute nur noch der Verlauf des Boulevardrings erinnert. Bemerkenswert ist die Kathedrale St.

Die „Dentelles de Montmirail" bei Gigondas sind ein beliebtes Terrain für Kletterer.

Etliche berühmte Weinorte zählen zum Einzugsgebiet des „Côtes du Rhône" – hier Vacqueyras.

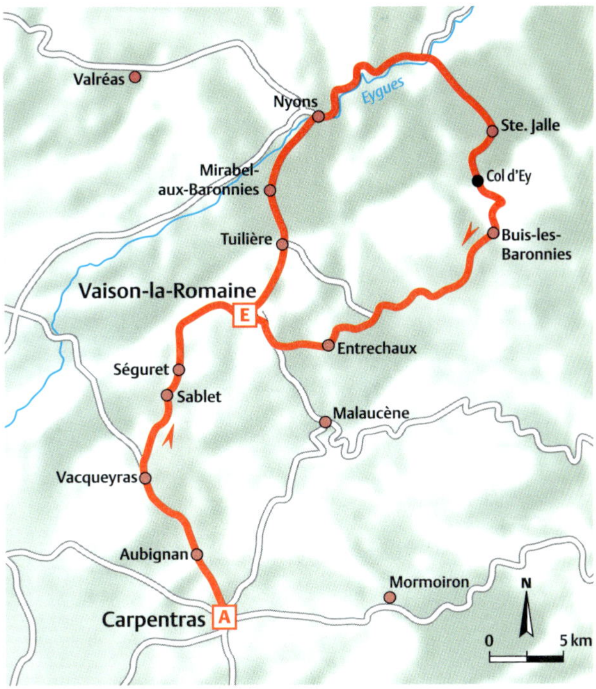

Siffrein, eine der wenigen gotischen Kirchen der Provence. Einziger Rest aus der Römerzeit ist der Triumphbogen an der Nordseite der Kirche. Im heutigen Justizpalast residierte bis zur Revolution der Bischof. Die Synagoge an der Place de la Marie ist die älteste Frankreichs.

Als Ausflugsziele der unmittelbaren südlichen Umgebung sind Pernes-les-Fontaines, La Roque-sur-Pernes und Le Thor zu nennen. In Vacqueyras kann man sich außerdem bei einem Besuch des 13 Hektar großen botanischen Gartens der Coste de Coa erholen.

Die Straße wechselt mehrfach ihre Bezeichnung: Bei Sablet biegen wir auf die D 23 ab, die als D 88 auf

12 Motorradtouren in Südfrankreich

Region: Nordprovence – Baronnies
Etappe: Carpentras – Nyons – Vaison-la-Romaine
Karten: Michelin 81

Nr/km	Road	Position	Richtung	Information
1 / 6	D 7	Carpentras	Vacqueyras	Hotel Le Burrhus, Vaison-la-Romaine, 2, place Montfort, Tel. 04 90 36 00 11; Logis du Château, Les Hauts de Vaison, Tel. 04 90 36 09 98
2 / 2	D 7	Aubignan	Vaison-la-Romaine	
3 / 6	D 7	Kreuzung D 7 / D 55	Vaison-la-Romaine	
4 / 9	D 7	Vacqueyras	Vaison-la-Romaine	
5 / 3	D 23	Sablet	Vaison-la-Romaine	
6 / 4	D 88	Seguret	Vaison-la-Romaine	
7 / 3	D 977	Kreuzung D 88 / D 977	Vaison-la-Romaine	
8 / 5	D 938	Vaison	Nyons A	Felsdorf Le Barroux (D 938) A
9 / 4	D 938	Tuilière	Nyons	
10 / 7	D 538	Mirabel	Nyons	
11 / 10	D 94	Nyons	Aubres	Hotel Picholine, Nyons, promenade Perrière, Tel. 04 75 26 40 72
12 / 7	D 94	Kreuzung D 94 / D 64	A Ste. Jalle	Schlucht im Tal der Eygues A
13 / 5	D 108	Ste. Jalle	Col d'Ey	
14 / 5	D 10	Col d'Ey	Buis-les-Baronnies	
15 / 3	D 546	Kreuzung D 10 / D 546	Buis	Gorges d'Ubrieux
16 / 2	D 5	Buis	Vaison-la-Romaine	Hotel Sous l'Olivier, Buis-les-Baronnies, Tel. 04 75 28 01 04
17 / 14	D 5	Kreuzung D 5 / D 72	Vaison-la-Romaine	

die D 977 trifft und nach Vaison-la-Romaine führt. Vaison gehört mit den römischen Ausgrabungen, seinem römischen Amphitheater und während der Sommermonate den allwöchentlichen Touristenmärkten zweifellos zu den interessantesten Orten der Provence. Die Burgruine verdankt die Stadt den Fürsten von Toulouse, die Brücke über die Ouvèze den alten Römern. Auch hier wird ein vorzüglicher Wein angebaut (Anbaugebiete Les Gouberts, Teysonnières, de la Mavette). Die weißen Kalkfelsen der südlich gelegenen Dentelles de Montmirail sind im Sommer ein beliebtes Ziel von Kletterexperten. Man erreicht das Felsmassiv am besten von Beaumes-de-Venise aus (siehe auch Tour 10) über die D 90 bis Lafare, wo ein Schild den Weg aufwärts bis zum Col du Cayron kennzeichnet. Ein Ausflug zu dem Felsdorf Le Barroux (auf der D 938 in Richtung Süden) lohnt sich wegen der im 16. Jahrhundert zu einem Renaissance-Schloss umgebauten Festung, die übrigens 1944 von abziehenden deutschen Truppen in Brand gesetzt und 15 Jahre lang restauriert wurde.

Von Vaison fahren wir auf der D 938 und der D 538 nordwärts über Mirabel-aux-Baronnies nach Nyons, einem weiteren bemerkenswerten Städtchen: Obgleich tief in den Bergen gelegen, ist es durch seine Tallage klimatisch so gut geschützt, dass hier das gesamte Jahr über angenehme Temperaturen herrschen und man in Anlehnung an die milde Côte d'Azur vom „Petit Nice", dem kleinen Nizza, spricht. Berühmt ist der Trüffelmarkt von Nyons, außerdem stehen die Konfitüren und das Olivenöl bei Franzosen in hohem Ansehen. Für einen Stadtrundgang parkt man am besten am großen Place du Dr. Boudongle. Die Brücke über den Fluss Eygues stammt aus dem 15. Jahrhundert und ist mit einer Bogenlänge von 40 Metern eine der größten in Südfrankreich.

Nr/km	Road	Position	Richtung	Information
18 2	D 13		Vaison-la-Romaine	
19 3	D 54	Entrechaux	A Vaison-la-Romaine	Tal des Flüsschens Toulourenc A
20 2	D 938	Kreuzung D 54 / D 938	Vaison-la-Romaine	

Über die Brücke führt auf der D 94 unsere Route durch eine Schlucht nach Aubres-les-Pilles in Richtung Buis-les-Baronnies. Bei Curnier kann man von der D 94 nach Norden abbiegen und erreicht nach etwa zehn Kilometern eine sehr schöne Schlucht durch das Tal der Eygues. Zurück zur D 94: In Ste. Jalle setzen wir die Fahrt auf der D 108 fort und erreichen den rund 700 Meter hohen Col d'Ey. An der Kirche St. Martin biegen wir auf die D 548 ab, die uns direkt durch die Gorges d'Ubrieux führt. In Buis geht die Straße in D 5, kurz vor Entrechaux in D 13 über. Dieser Ort gehört bereits zum Einzugsgebiet des großen Mont Ventoux, des höchsten Berges der Provence. Hier mündet auch das Flüsschen Toulourenc, dessen rund 50 Kilometer langes Tal zu den schönsten in Südfrankreich zählt, in die Ouvèze. Orte wie St. Leger-du-Ventoux, Brantes, über beeindruckende Serpentinen zu erreichen, und Reilhanette markieren diese Ausflugsroute entlang der D 40. Über die D 54 und D 938 kehren wir nach Vaison zurück.

Carpentras und Vaison sind die geschichtlichen Mittelpunkte dieser Tour. In Vaison opferte der Zigarettenfabrikant Maurice Barrus ein Vermögen, um die römischen Ausgrabungen zu finanzieren, in Carpentras war es Malachias d'Inguimbert, der als Bischof Architektur, Sammlungen und Bibliotheken förderte.

Auskunft

Vacqueyras:
Office de Tourisme
Place de la Mairie
Tel. 04 90 65 89 06

Gigondas:
Office de Tourisme
place du Portail
Tel. 04 90 65 85 46

Sablet: Office de Tourisme
place du Village
Tel. 04 90 46 95 57

Vaison-la-Romaine:
Office de Tourisme
place du Chanoine
Tel. 04 90 36 02 11

Nyons: Office de Tourisme
place Libération
Tel. 04 75 26 10 35

Service-Stationen

Carpentras:
Moto Ventoux
54, bd. Général Leclerc
Tel. 04 90 63 02 38

Seguret: Total
RD 977
Tel. 04 90 46 14 46

Vacqueyras: Arnaud Moto
8, Route de Nyons
Tel. 04 90 35 01 36

Vaison-la-Romaine: Total
avenue Victor Hugo
Tel. 04 90 36 02 05

Übernachtungen

Hotel Le Burrhus
Vaison-la-Romaine
2, place Montfort
Tel. 04 90 36 00 11

Logis du Château
Les Hauts de Vaison
Tel. 04 90 36 09 98

Hotel Picholine
Nyons
Promenade Perrière
Tel. 04 75 26 40 72

Hotel Sous l`Olivier
Buis-les-Baronnies
Tel. 04 75 28 01 04

Wetter

Bis Nyons ist die Stecke ganzjährig befahrbar, doch die weitere Route kann durch plötzlichen Wintereinbruch beeinträchtigt werden und ist deshalb in dieser Jahreszeit nicht zu empfehlen. Auskünfte erteilen die Tourismusämter sowie das nationale Wettertelefon (siehe Seite 111).

13 Durch die Weindörfer der nördlichen Provence: von Orange über Grignan nach Mornas

Ausgangsort
Orange

Zielort
Mornas

Gesamttourenlänge
Rund 130 km

Zeitbedarf
1 Tag

Anschluss
Tour 14

Sehenswertes
Orange: Römisches Amphitheater und Triumphbogen, Museen. Grignan: Schloss, Höhlen von Rochecourbière. La Garde-Adhémar: Burgruine. St.Paul-Trois-Châteaux: Kirche, Trüffelmuseum. Suze-la-Rousse: Schloss mit Weinuniversität (Führungen).

Kurzbeschreibung
Von Orange geht es über Weinorte wie Ste. Cécile-les-Vignes und Valréas nach Grignan, dann zu dem Künstlerdorf Valaurie und schließlich zu dem ehemals strategisch wichtigen Ort La Garde-Adhémar. Über den bekannten Weinort Suze-la-Rousse führt der Weg durch den Wald von Uchaux bei Mornas zurück ins Rhonetal – eine Route der Burgen, Schlösser und Weinorte, ein wenig launig verträumt.

Orange, Tor zum Midi und ehemals Garnison der zweiten Legion des berühmten römischen Feldherrn Julius Cäsar, ist der Ausgangspunkt dieser Tour. Der Triumphbogen am nördlichen Stadteingang sowie das römische Amphitheater sind zweifellos die Hauptattraktionen. Den besten Ausblick über Stadt und Rhonetal hat man vom Colline Saint-Eutrop oberhalb des Amphitheaters, in dem während der Sommermonate ständig Konzerte und Theateraufführungen stattfinden. Das städtische Museum verfügt über eine interessante Sammlung römischer Skulpturen.

Zunächst fahren wir auf der N 7 nordwärts. Kurz nach der Stadtgrenze folgt die Brücke über die Aigues und rechts ein großes Möbelgeschäft, dann die Abzweigung der D 976 nach Ste. Cécile-les-Vignes, ein ebenso berühmtes Weindorf wie Tulette, das wir über die D 576 erreichen. Vier Kilometer weiter, in Visan, setzen wir die Fahrt wieder

Visan ist eines der Weindörfer, die sich in der Provence wie die Perlen einer Schnur aneinander reihen.

auf der D 976 nach Valreas fort. Die Stadt gehörte früher zum Besitz der Päpste während ihres Aufenthaltes in Avignon. Heute liegt sie als Enklave auf dem Gebiet des Departements Vaucluse, umschlossen vom Departement Drome. Bemerkenswert ist die Ringstraße, die als Platanenallee das Stadtzentrum umrundet, sowie das Rathaus, das ursprünglich einer adeligen Dame aus Grignan als Palais diente.

Grignan erreichen wir über die D 941, das von einem großen Schloss auf einem mächtigen Felsen überragt wird. Trotz des mühsamen Aufstieges sollte man den Besuch nicht versäumen. Die Geschichten um den eindrucksvollen Bau sind so wie viele Geschichten in der Provence: Unterhaltsam, ein wenig blutig und manchmal auch ein bisschen langweilig. Das gilt auch für Madame de Sévigné, der berühmten Schlossdame. Sie heiratete den zwar hässlichen, aber reichen Grignan-Grafen, letzter Spross der Adelsfamilie von Adhémar, und versammelte vor allem Literaten um sich. 1696 gestorben, wurde ihr Sarg während der Revolution aufgebrochen, ihr Kopf von der Leiche getrennt und nach Paris als anatomisches Studienobjekt geschickt.

Bemerkenswert sind auch die Höhlen von Rochecourbière, die man nach etwa zwei Kilometer auf der D 71 und einem gut ausgeschilderten Fußweg erreicht.

Von Grignan führt uns die D 541 nach Valaurie. Noch vor etwa zehn Jahren war das Dörfchen am Hang wie einer jener zahlreichen Orte der Provence, deren Bewohner mangels ausreichender Verdienstmöglichkeiten in die großen Städte abgewandert waren: ausgestorben und verfallen. Dann besetzten Künstler die Ruinen und restaurierten sie zu einem inzwischen deutlich touristisch geprägten Ausflugsziel.

Kurz hinter dem Ortsschild von Valaurie passieren wir rechts eine verlassene Umspannstation der Elektrizitätswerke, erkennbar an den vor sich hin rostenden Kabelmasten: Dort biegt die D 133 rechtwinkelig links ab. Berg- und Talfahrt, einige Kurven, dann ein Schild: „Val-des-Nymphes". Hier biegen wir rechts ab. Die schmale, romantische Straße, gesäumt von Krüppeleichen, vorbei an der Ruine einer Kapelle aus dem 12. Jahrhundert, führt uns nach La Garde-Adhémar. Das Dorf wird von einer Burgruine überragt, in der während des Mittelalters eine mächtige Adelsfamilie lebte. Auf sie gehen

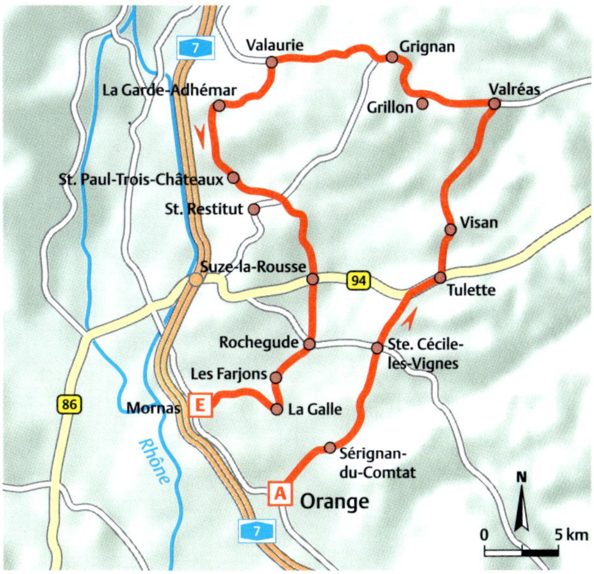

Motorradtouren in Südfrankreich

Region: Nordprovence – Weindörfer
Etappe: Orange – Grignan – Mornas
Karten: Michelin 81

Nr/km	Road	Position	Richtung	Information
1 / 5	N 7	Orange	Lyon	Besichtigung! Hotel Arène, Orange, place de Langes, Tel. 04 90 11 40 45
2 / 16	D 976	N 7	Ste. Cécile-les-Vignes	
3 / 1	D 976	Sérignan-du-Comtat	Ste. Cécile	
4 / 7	D 976	Kreuzung D 976 / D 43	Ste. Cécile	
5 / 4	D 576	Ste. Cécile	Tulette	
6 / 2	D 576	Kreuzung D 576 / D 94	Tulette	
7 / 4	D 576	Tulette	Valreas	
8 / 13	D 976	Visan	Valreas	
9 / 5	D 941	Valreas	Grignan	Grand Hotel, Valreas, 28, av. Général-de-Gaulle, Tel. 04 90 35 00 26
10 / 5	D 941	Grillon	Grignan	
11 / 8	D 541	Grignan	Valaurie	
12 / 4	D 133	Valaurie	La Garde-Adhémar	
13 / 4	D 472	Kreuzung D 133 / D 472	La Garde-Adhémar	
14 / 1	D 572	La Garde-Adhémar	St. Paul-Trois-Châteaux	
15 / 6	D 158	Kreuzung D 572 / D 158	St. Paul	
16 / 4	D 59	St. Paul	Suze-la-Rousse; A	St. Restitut; Hotel L'Esplan, St. Paul, place L'Esplan, Tel. 04 75 96 64 64
17 / 5	D 117	Suze-la-Rousse	Rochegude	

wesentliche Teile des Schlossbaus von Grignan zurück, und zu ihr zählte beispielsweise der für Frankreichs Galeerenflotte verantwortliche General. Die Aussicht ist herrlich – und ein Hinweis auf die vorzügliche strategische Lage der alten Burg.

Auf der D 572 und D 158 geht es nach St. Paul-Trois-Château. Der Name geht auf die Rolle als Hauptstadt der heute noch als Tricastin bezeichneten Region zurück. Die Stadtmauer zeugt von der strategischen Bedeutung, römische Ausgrabungen – darunter ein großes Mosaik, das heute im Museum Calvet in Avignon zu besichtigen ist – von der reichen Kultur. Die Kirche aus dem 11. Jahrhundert, bemerkenswert schlicht, gehörte einmal zu dem Bischofssitz, der allerdings während der Revolution abgeschafft wurde.

Auf dem Weg nach Suze-la-Rousse über die D 59 erreichen wir etwa drei Kilometer hinter dem Ortsausgang von St. Paul rechts ein Hinweisschild nach St. Restitut, dem wir zu einem Romantik-Ausflug folgen sollten. Auf bergiger Straße geht es hinauf in den winzigen Ort mit einem ebenso winzigen Kirchplatz – die Kirche geht auf die alten Griechen zurück –, der wie kaum ein anderer geeignet ist, die Hast des Alltags abzuschütteln. Das Restaurant zu den „36 Suppenschüsseln“ mit dem angeschlossenen Hotel ist nicht ganz billig. Noch ein Tipp: Vom Kirchplatz zum Ortsausgang, über die Brücke, dann

Im Schloss von Suze-la-Rousse befindet sich die einzige Weinuniversität der Europäischen Gemeinschaft.

13 Durch die Weindörfer der nördlichen Provence

Nr/km	Road	Position	Richtung	Information
18 / 3	D 117	Rochegude	↑ Orange	
19 / 3	D 11	Les Farjons	↑ Orange	
20 / 11	D 74	La Galle	→ Mornas	Le Manoir, Mornas, N 7, Tel. 04 90 37 00 79

rechts die ansteigende Straße hoch. Nach etwa 100 Meter sieht man die Mauer des Friedhofes – dort geht es rechts vorbei. Nun führt der kurvige Weg durch einen Wald von Krüppeleichen, in dem sich tiefe Steinbrüche öffnen. In früheren Zeiten wurden hier die großen Quader für den Bau der Paläste und Monumente gebrochen. Nach einigen Kilometern erreichen wir eine einzigartige Aussichtsplattform, die einen weiten Blick über das Rhonetal und auf das Massif Central erlaubt.

Nun aber weiter: Über die D 59 erreichen wir Suze-la-Rousse mit einer trutzigen Burg, die in den vergangenen Jahren restauriert und zum Domizil der einzigen Weinuniversität der Europäischen Gemeinschaft ausgebaut wurde. Eigentlich ist die Burg nicht zu besichtigen, doch Interessenten finden immer eine offene Türe.

Die D 117 führt schnurgerade durch Weinberge nach Rochegude. Der winzige Ort wird von einem vergleichsweise gigantischen Schloss dominiert, in dem heute eines von Frankreichs großen Luxushotels untergebracht ist. In Les Farjons geht die D 117 in die D 11 über, und kurz vor La Galle biegen wir rechts ab auf die D 74. Durch den Wald von Uchaux geht es hinab in das Rhonetal, das wir bei Mornas erreichen, hoch überragt von einem Felsen mit Ruinen aus dem frühen Mittelalter.

Noch einmal zurück nach Suze-la-Rousse: Unmittelbar unterhalb der Burg befindet sich die Cooperative, ganztägig geöffnet und eine vorzügliche Gelegenheit, einen besonderen Wein zu kosten. Die beste Sorte ist der Rote, ein Côtes du Rhône „Village", eigentlich den Winzern selbst vorbehalten und ganz anders als der benachbarte, schwerblütige Gigondas von süffigem, erdigem Geschmack. Vermutlich tut man gut daran, die Weiterfahrt zu verschieben!

Auskunft
Orange: Office de Tourisme
5, cours Aristide Briand
Tel. 04 90 34 70 88

Valréas:
Office de Tourisme
place Aristide Briand
Tel. 04 90 35 04 71

St. Paul-Trois-Châteaux:
Office de Tourisme
rue République,
Tel 04 75 96 61 29

Service-Stationen
Orange: Hellios Moto
79, bd. Daladier
Tel. 04 90 51 15 84

Übernachtungen
Hotel Arène
Orange
place de Langes
Tel. 04 90 11 40 45

Grand Hotel
Valreas
28, av. Général-de-Gaulle
Tel. 04 90 35 00 26

Hotel L'Esplan
St. Paul-Trois-Chateaux
place L'Esplan
Tel. 04 75 96 64 64

Le Manoir
Mornas
N7
Tel. 04 90 37 00 79

Wetter
Ganzjährig befahrbar. Auskunft über das nationale Wettertelefon (Seite 111) oder die örtlichen Tourismusämter.

Der gute Rat
Die Route stößt an die nördliche Grenze der Provence. Diese Region bietet – abgesehen von touristischen Zentren wie Orange – auch während der Ferienmonate weitgehend ruhige Straßen und einsame Orte.

Die historischen Städte der Provence: von Orange über Nîmes nach Arles

14

Von Orange, dem Tor zur mediterranen Lebensart, führt diese Tour südwärts in Städte wie Avignon, Nîmes und Arles, allesamt Zentren der gallischen Geschichte. Auf der N 7 geht es zunächst Richtung Süden, vorbei am regionalen Hauptquartier der Fremdenlegion und zahlreichen Automobilvertretungen am Stadtrand von Orange. Links ein Weinverkaufslager, dann die Abfahrt nach Courthezon und von dort nach rechts zur Brücke über die Autobahn und zur D 92. Unmittelbar jenseits der Autobahn nach links abbiegen und etwa 500 Meter entlang der Autobahn fahren, dann wieder rechts in Richtung Châteauneuf-du-Pape.

Ausgangsort
Orange

Zielort
Arles

Gesamttourenlänge
Rund 120 km

Zeitbedarf
1 Tag

Anschluss
Tour 7 und 8 in Avignon, Tour 13 in Orange

Sehenswertes
Orange: Amphitheater, Museum. Avignon: Altstadt, Palast der Päpste, Museen. Villeneuve-les-Avignon: Festung, Kloster. Nîmes: Arena, antikes Theater, Maison Carré, zahlreiche antike Baudenkmäler und moderne Design-Bauten, Museen. Arles: Arena, antikes Theater, zahlreiche antike Baudenkmäler, Quartier van Goghs.

Kurzbeschreibung
Von Orange geht es zunächst nach Châteauneuf-du-Pape, dann nach Avignon. Über Villeneuve-les-Avignon auf der anderen Rhoneseite führt die Tour zunächst nach Nîmes und dann nach Arles.

Wein, soweit das Auge reicht – hier in einem der berühmtesten Anbaugebiete: Châteauneuf-du-Pape.

Motorradtouren in Südfrankreich

Region: Provence – historische Städte
Etappe: Orange – Avignon – Nîmes – Arles
Karten: Michelin 81 / 83

Nr/km	Road	Position	Richtung	Information
1 11	N 7	Orange	Avignon	Besichtigung!
2 0,5	D 92	Courthezon	Chateauneuf-du-Pape	Von N 7 in den Ort abbiegen
3 5	D 92		Chateauneuf	
4 6	D 17	Chateauneuf	Sorgues	Wein!
5 12	N 7	Sorgues	Avignon	
6	N 100	Avignon	Villeneuve-les-Avignon	Anschluss Tour 8 Hotel De Garlande, Avignon, 20, rue Galante, Tel. 04 90 85 08 85
7 5	N 100	Villeneuve	Remoulins	Résidence les Cèdres, Villeneuve- les-Avignon, 39, av. Pasteur, Tel. 04 90 25 43 92
8 9	N 100	Kreuzung N 100 / N 580	Remoulins	
9 8	N 100	Kreuzung N 100 / D 976	Remoulins	
10 5	N 86	Remoulins	Nîmes	Pont du Gard
11 0,5	D 823	Kreuzung D 823 / N 86	Cabrières	
12 0,5	D 223	Kreuzung D 223 / D 823	Cabrières	
13 4	D 427	Lédenon	Cabrières	
14 6	D 427	Cabrières	Poulx	
15 3	D 135	Poulx	D 979	
16 11	D 979	Kreuzung D 979 / D 135	Nîmes	
17 35	N 113	Nîmes	Arles	Anschluss Tour 7; Hotel Plazza, Nîmes, 10, rue Roussy, Tel. 04 66 76 16 20; Hotel Le Cloître, Arles, 18, rue du Cloitre, Tel. 04 90 96 29 50

Zweifellos gibt es zahlreiche provenzalische Weine, die sich mit der Qualität der Erzeugnisse dieses Weinortes messen können. Doch die werbliche Selbstdarstellung von Châteauneuf wird nur von wenigen Konkurrenten erreicht. Allein schon deshalb lohnt sich – abgesehen vom Weinmuseum – ein Besuch.

Über die D 17 geht es zurück zur N 7 nach Sorgues und von dort über die Schnellstraße entlang der Rhone nach Avignon (D 225). Ein Tipp: Am besten folgt man der Straße entlang der Stadtmauer, bis rechts der Bahnhof auftaucht. Dort findet man die besten Parkmöglichkeiten. Die Fußwege zum Place Clemenceau mit den zahlreichen Zeltkneipen oder zum Palast der Päpste sind kurz und interessant.

Der Palast – übrigens während der Revolution gründlich geplündert – hat seinen Ursprung im 14. Jahrhundert. Damals herrschte in Rom zwischen den Päpsten und ihren Konkurrenten blutiger Streit, was der König von Frankreich ausnutzte, um 1305 seinen Favoriten in Lyon zum neuen Papst krönen zu lassen. Clemens V. hatte keine Lust, in den zerstrittenen Vatikan einzuziehen, und blieb in der Provence. Mal lebte er in Carpentras, mal in Malaucène, schließlich in Avignon, wo er und seine Nachfolger blieben. Auch als Gregor XI. schließlich 1376 wieder nach Rom zog, regierten in Avignon weiterhin eine ganze Reihe von „illegalen“ Päpsten. Über einhundert Jahre stand die Stadt im Zentrum des Christentums und stieg zu einer der größten Metropolen der westlichen Welt auf. Seither ist Avignon buchstäblich vollgestopft mit Altertümern und geschichtsträchtigen Bauten und Winkeln, weshalb es sich – übrigens ebenso in Nîmes und Arles – unbedingt lohnt, beim Office de Tourisme einen Reiseführer zu besorgen.

Die weitere Route führt auf der N 100 über die Rhone und gestattet einen schönen Blick auf den Pont St. Benezet – so heißt die Brückenruine flussaufwärts, von der alle Welt glaubt, dass dort die Franzosen singen und tanzen. Tatsächlich tanzte man nicht auf, sondern unter der Brücke, auf der kleinen Insel Barthelasse. Ursprünglich besaß die Brücke 22 Bögen, von denen heute nur noch vier erhalten sind. Villeneuve-les-Avignon war im Mittelalter als Grenze des französischen Kronlandes zur gegenüberliegenden Provence unter der nominellen Herrschaft des Deutschen Reiches ein schwer bewaffneter Brückenkopf, wie die Festung St. André erkennen lässt. Der Turm „Tour Philippe le Bel" steht nicht zufällig genau dort, wo ehemals der zerstörte Pont d'Avignon das andere Rhoneufer erreichte, denn es handelte sich um einen Brückenturm, von dem aus der grenzüberschreitende Verkehr überwacht wurde. Beeindruckendstes Monument ist allerdings das Kloster Val-de-Bénédiction mit zahlreichen Kunstschätzen. Sehenswert sind auch die italienischen Gärten unterhalb des Forts.

Von Villeneuve fahren wir auf der N 100 nach Remoulins. Die Stadt droht während der Ferienzeit im Verkehr zu ersticken. Grund ist der Pont du Gard (über die D 981 zu erreichen), wohl eines der beeindruckendsten Denkmäler römischer Geschichte. Eigentlich handelt es sich nur um einen bestehenden Rest der 50 Kilometer langen Wasserleitung nach Nîmes, zugleich aber auch um eine technische und ästhetische Meisterleistung.

Im Prinzip markiert die Rhone die westliche Grenze der Provence. Doch niemand wird deshalb auf den Gedanken kommen, Städte wie Villeneuve, Remoulins, Beaucaire oder Nîmes als „unprovenzalisch" auszuklammern. Nîmes ist die Hauptstadt des Departements Gard und bietet für Besucher die ungewöhnliche Gegenüberstellung von zahlreichen antiken Baudenkmälern und moderner Architektur. Altstadt

In Orange: Blick über terracottafarbene Dächer – ein ganz typischer mediterraner Eindruck von den alten Dörfern und Städten in der Provence.

und römische Arena, der ebenfalls römische Tempel „Maison Carré" oder der Tour Magne, höchster Turm der Stadtmauer, sollten nach dem Wunsch der Bürger ein modernes Gegengewicht durch modernes Design erhalten. Beispiele sind das Kulturzentrum Carré d'Art des Architekten Norman Forster oder der Krokodilsbrunnen des Designers Philippe Stark. In der Arena, vor fast 2000 Jahren erbaut und mit einem Fassungsvermögen von 20 000 Menschen für die gesamte damalige Stadtbevölkerung ausreichend, finden heute Stierkämpfe, Popkonzerte und Theater-Spektakel statt, was allein schon eine Übernachtung in Nîmes wert ist. Übrigens diente die Arena während des Mittelalters als Festung, weil sich ihre Mauern gut verteidigen ließen. Mehrere Häuser und sogar zwei Kirchen wurden in dem Oval errichtet. Heute heißt es „Nîmes bouge": In Nîmes ist etwas los. Tatsächlich erscheint den Besuchern vor allem die Altstadt als dynamisches Zentrum. Was nicht zu sehen ist, sind die Probleme, etwa der Mangel an Industrie und die damit verbundene beträchtliche Arbeitslosigkeit.

Unsere Reise geht auf der N 113 weiter, die über Bellegarde direkt nach Arles führt. Heute die Museumsstadt der Provence schlechthin, zählt Arles zu den ältesten Ansiedlungen Südfrankreichs. Kaiser Barbarossa ließ sich in Arles zum König krönen, zuvor war die Stadt zeitweise Regierungssitz der römischen Provinz Gallien. Im Krieg zwischen den römischen Rivalen Caesar und Pompejus im Gegensatz zu Marseille auf der Seite des Siegers Caesar und deshalb zur „römischen Kolonie" erhoben, profitierte die Stadt durch zahllose Großbauten. Neben dem antiken Theater ist die Arena dafür herausragendes Beispiel. Bis heute ist nicht genau ermittelt, welche Arena eigentlich größer ist, jene in Nîmes oder die Ellipse von Arles. Sehenswert ist neben den Thermen des römischen Kaisers Konstantin auch die Totenstadt „Alyscamps" mit zahlreichen antiken Sarkophagen. Außerdem ist Arles die Stadt des Malers van Gogh, der hier innerhalb weniger Monate über 150 Bilder malte – von denen kein einziges im Besitz der Stadt ist. Eines der berühmtesten, das Bild „Pont de Langlois", stellt die Brücke dar, die man noch heute besichtigen kann: Von der D 35 in Richtung Port St. Louis zweigt nach drei Kilometern links eine zum „Pont" ausgeschilderte Straße ab. Genau genommen handelt es sich um eine später errichtete Nachbildung des beim Bau des Kanals von Arles zerstörten Originals. Aber das gilt auch für das 1944 zerstörte und wieder errichtete „Maison Jaune" an der Place Lamartine, in dem van Gogh mit seinem Kollegen Paul Gauguin zusammenlebte und sich in einem hysterischen Anfall ein Ohr abschnitt. Auch van Goghs Bild „Nachts vor dem Café an der Place du Forum" kann man heute wieder real betrachten. Führungen zum Thema „Van Gogh in Arles" werden übrigens vom Office de Tourisme veranstaltet (25 Francs). Und eine bedeutende Sammlung zeitgenössischer Maler wird im Palais de Luppé gegenüber der Arena ausgestellt.

Noch ein Tipp für einen Ausflug: An der D 17 nach Fontvieille liegt die Abtei von Montmajour, ein bereits zu vorchristlicher Zeit besiedelter, aus den damaligen Sümpfen hoch aufragender Felsen, auf dem vor etwa 1000 Jahren Benediktiner das Kloster mit seinen gewaltigen Bauten von kunsthistorischer Bedeutung gründeten.

In Arles endet die Tour, die zwar nur etwa 120 Kilometer lang ist, aber als Ausflug in die reiche kulturelle Vergangenheit der Region erheblichen Aufwand an Zeit erfordert – eine ideale Mischung: Fahren und Schauen.

Auskunft
Avignon: Office de Tourisme
41, cours Jean Jaurès
Tel. 04 90 82 65 11

Villeneuve-les-Avignon:
Office de Tourisme
1, place Charles-David
Tel. 04 90 25 61 33

Nîmes: Office de Tourisme
6, rue Auguste
Tel. 04 66 67 29 11;

Comité Départemental
du Tourisme, Gard
3, place des Arènes
Tel. 04 66 36 96 30

Arles: Office de Tourisme
Palais de l'Archevechè
35, place de la République
Tel. 04 90 18 41 20

Service-Stationen
Arles: Fulvio Moto
quartier Balarin
Tel. 04 90 98 00 59

Avignon: Motoliot
108, avenue P. Semard
Tel. 04 90 88 30 45

Châteauneuf-du-Pape:
Esso
RN 100
Tel. 04 90 83 71 01

Sorgues: Esso, RN 7
Tel. 04 90 83 31 57

Übernachtungen
Hotel De Garlande
Avignon
20, rue Galante
Tel 04 90 85 08 85

Résidence Les Cèdres
Villeneuve-les-Avignon
39, av. Pasteur
Tel. 04 90 25 43 92

Hotel Plazza
Nîmes
10, rue Roussy
Tel. 04 66 76 16 20;

Hotel Le Cloitre
Arles
18, rue du Cloître
Tel. 04 90 96 29 50

Wetter
Die Route ist ganzjährig befahrbar. Allein der gelegentlich stürmische, kalte Nordwind Mistral sorgt für ungemütliche Bedingungen. Das aktuelle Wetter ist über die örtlichen Tourismusämter sowie das nationale Wettertelefon (siehe Seite 111) zu erfragen.

Der gute Rat
Gute Hotels sind in französischen Städten nicht billig. Preiswerter ist die Unterkunft in Hotelketten (Mercure, Bonsai, Ibis, Les Relais Verts etc.).

15 Durchs Languedoc und entlang der Küste: von Albi über Béziers nach Montpellier

Ausgangsort
Albi

Zielort
Montpellier

Gesamttourenlänge
Rund 270 km

Zeitbedarf
1 Tag / Empfehlung: mit 1 Übernachtung

Anschluss
–

Sehenswertes
Albi: Kathedrale, Palais de la Barbie, Toulouse-Lautrec-Museum, Altstadt. Carcassonne: Altstadt, Stadtmauer, Museen. Agde: Kathedrale, Strand. Montpellier: Altstadt, Museen, Château de Flaugergues.

Kurzbeschreibung
Von Albi am westlichen Rand des Languedoc geht es südwärts durch eine düstere Berglandschaft zu der neben dem deutschen Rothenburg wohl am besten erhaltenen mittelalterlichen Stadt Carcassonne. Dann wendet sich die Route ostwärts nach Béziers, Agde und Sète, um der Küste mit ihren zahlreichen Seen und Halbinseln bis Montpellier zu folgen.

Albi, ehemals Bischofssitz der Katharer-Sekte, stand Pate bei der Bezeichnung der Anhänger dieser Glaubensrichtung: die Albigenser. Kathedrale oder Bischofspalast sind die obligaten Sightseeing-Ziele. Erfreulicher unter der südlichen Sonne sind hingegen die Terrassencafés an der Place du Vigan. Die Jugend trifft sich hier im Café de la Préfecture. Nicht versäumen sollte man hingegen einen Besuch im Museum des Malers Toulouse-Lautrec, der 1864 hier geboren wurde, sich als Kind zweimal die Beine brach und als zwergenwüchsiger Krüppel lebte. Lebenswandel und Talent zehrten an dem kleinen Mann, der große Kunst in Serie produzierte, bis er 1901 starb. Die wohl vollständigste Sammlung seiner Bilder und Zeichnungen sind in seiner Geburtsstadt vereinigt. Er ist übrigens ebenso wie alle anderen wichtigen Bürger aus Albis Geschichte im Wachsfigurenkabinett, dem Musée de Cire, vertreten.

Der malerisch gelegene Ort St. Gervais zählt noch zum Weinbaugebiet „Côtes du Rhône“.

Blick auf die Kathedrale Saint Nazire in Béziers.

Die Stadt am westlichen Rand des Languedoc ist der Ausgangsort dieser Tour, die zunächst auf der N 118 nach Castres südwärts führt. Da in Frankreich die Kultur nun einmal hohes Ansehen genießt, ist hier das Museum des spanischen Malers Goya eine der wichtigsten Attraktionen.

Weiter geht es auf der N 112 nach Mazamet, wo wir den Naturpark des Haut Languedoc erreichen, auf die N 118 zurückkehren und nach Carcassonne fahren. „Montagne Noire" heißen die düsteren, fast 1000 Meter hoch aufragenden Bergzüge: ein regenreiches Gebiet, durchzogen von zahllosen kleinen Straßen.

Von Mazamet nach Süden kann man auf einer Rundfahrt die Grenze zwischen nördlicher und mediterraner Vegetation erkunden: Rundfahrt von der D 118 bei Les Martys auf die D 101 bis kurz über Lastours hinaus, und links erst über die D 111, dann über die D 112 und D 54 wieder nordwärts. Eine weitere Möglichkeit für einen Ausflug bietet sich etwa fünf Kilometer nach Cuxac, wo von der N 118 die D 111 nach Villardonnel und weiter zu

Motorradtouren in Südfrankreich

Region: Languedoc – Golfe du Lion
Etappe: Albi – Carcassonne – Béziers – Agde – Montpellier
Karten: Michelin 83

Nr/km	Road	Position	Richtung	Information
1 / 20	N 118	Albi	Castres	Hotel Cantepau, Albi, 9, route Cantepau, Tel. 05 63 60 75 80
2 / 6	N 118	Réalmont	Castres	
3 / 16	N 118	Vénès	Castres	
4 / 16	N 112	Castres	Mazamet	Nationalpark
5 / 14	N 118	Mazamet	Carcassonne	
6 / 15	N 118	Les Martys	A Carcassonne	Lastours A
7 / 11	N 118	Kreuzung N 118 / D 103	Carcassonne A	A
8 / 2	N 118	Kreuzung N 118 / D 111	A Carcassonne	Salsigne A
9 / 10	N 118	Villegailhenc	Carcassonne	
10 / 5	N 118	Carrefour de Bezons	Carcassonne	
11 / 4	N 113	Carcassonne	Trèbes	Hotel Relais d'Aymeric, Carcassonne, 290, av. Général Leclerc, Tel. 04 68 71 83 83
12 / 9	N610	Trèbes	Olonzac	
13 / 9	N610	Marseillette	Béziers	
14 / 8	N610	Pulchéric	Béziers	
15 / 9	N610	Homps	Béziers	
16 / 4	D 11	Kreuzung D 11 / D 52	Béziers	
17 / 9	D 5	Cabezac	Béziers	

der Goldgräberstadt Salsigne abbiegt. Hier stehen auch die vier Burgen von Lastours, allesamt Ruinen, die gemeinsam die Festung Cabaret bildeten, die sich in den Kriegen gegen die Albigenser als uneinnehmbar erwies.

Carcassonne liegt eigentlich zu weit westlich, um noch zur Provence gezählt zu werden. Doch die Faszination dieser mittelalterlichen Oberstadt – „la Cité" genannt – mit ihren nahezu unversehrten Stadtmauern und kleinen, gedrungenen Häuschen lohnt jede Reise. Viele Filme des Mantel-und-Degen-Genres entstanden hier, weil man nur die Stromleitungen und Fernsehantennen von den Dächern entfernen musste und schon die lebensechte Kulisse alter Zeiten vor sich hatte. Die Festung wurde nach einer langen Periode des Verfalls im 19. Jahrhundert wieder aufgebaut. Die Unterstadt ist eher ein wenig langweilig.

Von Carcassonne fahren wir auf der N 113 bis Trèbes, wo wir auf die fast parallel verlaufende N 610 wechseln, die ab hier größtenteils dem Lauf des Canal du Midi folgt. 241 Kilometer lang, mit 64 Schleusen, 126 Brücken und 55 Aquädukten, ist er Frankreichs schönster Kanal. Ursprünglich sollte er den Atlantik mit dem Mittelmeer verbinden, doch heute ist er vor allem für die Hausboote bekannt, die man tage- oder wochenweise mieten kann, um einen ebenso geruhsamen wie romantischen Wasserurlaub zu erleben. Schleusenanlagen

Montpellier hat einiges zu bieten – hier der Arc de Triomphe.

LUDOVICO MAGNO LXXII ANNOS REGNANTE
DISSOCIATIS REPRESSIS CONCILIATIS GENTIBUS
QUATUOR DECENNALI BELLO CONJURATIS
PAX TERRA MARIQUE PARTA 1715

Nr/km	Road	Position	Richtung	Information
18 / 8	D 5	Le Croisade	Béziers	
19 / 7	D 5/ D 11	Capestang	Béziers	
20 / 8	D 11	Montady	Béziers	
21 / 18	N 112	Béziers	Agde	Hotel Champ de Mars, Béziers, 17, rue Metz, Tel. 04 67 28 35 53
22 / 4	N 112	Vias	Agde	
23 / 23	N 108	Agde	Sète	Strand! Hotel Alizé, Agde, av. Alizé, Tel. 04 67 26 77 80
24 / 15	D 50/ D 60	Sète	Les Aresquiers	Strand! Hotel Sables d'Or, Sète, place Emile Herriot, Tel. 04 67 53 09 98
25 / 1	D 114	Les Aresquiers	Vic	
26 / 3	D 114	Le Mas Vieux	Vic-la-Gardiole	
27 / 11	D 116	Vic	Villeneuve-le-Maguelonne	
28 / 4	D 185	Villeneuve	Montpellier	
29 / 12	N 586	Kreuzung N 586 / D 185	Montpellier	Heliotel, Montpellier, route de Mende (nördl. v. Montpellier), Tel. 04 67 41 54 00

und malerische Orte wie Marseillette bieten eine treffliche Gelegenheit, mit redefreudigen Südfranzosen einen „Rouge“ am Tresen zu trinken. Ab Homps trägt die Straße die Nummer 11, dann wird sie zur D 5 und kurz vor Béziers wieder zur D 11. Man sollte sich durch diese wechselnden Bezeichnungen nicht irritieren lassen: Es geht immer ostwärts.

Auch Béziers hat ungeachtet der stürmischen Industrialisierung viel von seiner alten Vergangenheit als keltische Siedlung – von römischen Kriegsveteranen ausgebaut – bewahrt. Sehenswert ist der im englischen Stil angelegte Park des Plateau des Poetes sowie die an der westlichen Ausfallstraße Avenue St. Saens gelegene Stierkampfarena für 13 000 Zuschauer.

Doch die Nähe zur Küste ist so verlockend, dass man vielleicht auf eine Übernachtung getrost verzichtet. Auf der N 112 erreichen wir Agde, das über die Mündung des Hérault mit dem Mittelmeer verbunden ist und gemeinsam mit

In Agde wurden moderne Touristenburgen im futuristischen Baustil errichtet.

Guirandette und Cap d'Agde ein Freizeitzentrum mit zahlreichen malerischen Winkeln bildet. Allerdings ist es während der Ferienmonate hoffnungslos von Touristen überlaufen. Die N 108 führt nach Sète, einem weiteren überaus romantischen Fischerstädtchen, überragt vom 175 Meter hohen Mont St. Glair und zwischen Mittelmeer und dem Bassin de Thau dem Wasser näher als der Erde.

Nun folgen wir der D 50 bis Les Aresquiers, wo wir auf die D 114 wechseln und am Ufer des Etang de Vic entlang nach Vic-la-Gardiole fahren. Ab hier geht es auf der D 116 weiter nach Villeneuve-les-Maguelonne. Die D 185 führt zur Nationalstraße N 586 und diese zum Ziel unserer Tour, nach Montpellier, der wohl wichtigsten Küstenstadt zwischen Marseille und der spanischen Grenze.

Montpellier wird Frankreichs aktivste Stadt genannt, was nicht zuletzt auf die Zuwanderung, etwa aus Nordafrika, zurückgeht, aber auch durch die jungen Menschen aus dem Umland bewirkt wird. Jährlich wächst die Stadt um etwa 8000 Einwohner. In der Altstadt seien die folgenden Schwerpunkte genannt: Oper, Brunnen der drei Grazien, Parkalleen und Markthalle. Reizvoll ist ein Besuch der kleinen Schlösschen, auch „Folies" genannt, die sich reiche Stadtbürger rund um die Stadt errichten ließen, so etwa Château d'O, Château de la Mosson oder Château de Flaugergues. Die Vorstadt Lattes, über die D 989 zu erreichen, bildete in der Antike den Hafen von Montpellier und ist deshalb heute eine archäologische Fundstätte von besonderer Bedeutung.

Auskunft
Albi: Office de Tourisme
place Ste.-Cécile
Tel. 04 63 49 48 80

Carcassonne:
Office de Tourisme
15, bd. Camille-Pelletan
Tel. 04 68 10 24 30

Béziers: Office de Tourisme
29, av. Saint-Saens
Tel. 04 67 76 47 00

Agde: Office de Tourisme
1, place Molière
Tel. 04 67 94 29 68

Sète: Office de Tourisme
60, grand rue Mario-Roustan
Tel. 04 67 74 71 71

Montpellier:
Office de Tourisme
Triange Comédie
Tel. 04 67 60 60 60

Service-Stationen
Albi: Garage Albigeois
15, route J. Monod
Tel. 05 63 47 54 31

Carcassonne:
Passion Auto
avenue du Général Leclerc
Tel. 04 68 47 14 14

Montpellier: PHF
1678, avenue de Toulouse
Tel. 04 67 27 23 62

Übernachtungen
Hotel Cantepau
Albi
9, route Cantepau
Tel. 05 63 60 75 80

Hotel Relais d'Aymeric
Carcassonne
290, av. Général Leclerc
Tel. 04 68 71 83 83

Hotel Champ de Mars
Béziers
17, rue Metz
Tel. 04 67 28 35 53

Hotel Alizé
Agde
av. Alizé
Tel. 04 67 26 77 80

Hotel Sables d'Or
Sète
place Emile Herriot
Tel. 04 67 53 09 98

Heliotel
Montpellier
route de Mende (nördl. v. Montpellier)
Tel. 04 67 41 54 00

Wetter
Während der Wintermonate sind die Straßenverhältnisse im Bergland nicht unbedingt schnee- und eisfrei. Zu erfragen bei den örtlichen Tourismusämtern und dem nationalen Wettertelefon (siehe Seite 111).

Der gute Rat
Für Übernachtungen eignen sich kleine Orte besser als große Städte. Oft sind die Preise dort günstiger!

16 Rauhes Bergland der Ardèche: Von Pont-St. Esprit über Villefort nach Bagnols

Ausgangsort
Pont-St. Esprit

Zielort
Bagnol-sur-Cèze

Gesamttourenlänge
Rund 220 km

Zeitbedarf
1 Tag

Anschluss
–

Sehenswertes
Gorges d'Ardèche. Vallon-Pont-d'Arc: Naturschutzgebiet, zahlreiche Höhlen in der Umgebung (Aven d'Orgnac, Aven Marzal etc.). Les Vans: „Felsenmeer" von Paiolive. Villefort: Schlossruine, Bergsee. Alès: Schloss, Bergbaumuseum.

Kurzbeschreibung
Von Pont-St. Esprit im Rhonetal geht es entlang dem tief eingegrabenen Fluss Ardèche in eine der einsamsten, aber auch einprägsamsten Regionen bis zum Plateau d'Ardèche über Vallon und Ruoms nach Les Vans. Von dort über kurvenreiche Bergstraßen und eine durch »Natur total« gekennzeichnete Gegend zu den Tourismuszentren Villefort und Alès. Bei Bagnols-sur-Cèze wird das Rhonetal wieder erreicht.

Südfrankreich ist – vielen Ausländern unbekannt – ein bergiges Land. Vom Rhonetal bis fast zum Atlantik erstreckt sich das Massif Central mit über 2000 Meter hohen Bergen und einem endlosen Labyrinth kleiner Straßen. Eine der interessantesten Regionen des Zentralmassivs ist das Gebiet um den Flusslauf der Ardèche und die südlich davon liegenden Cevennen. Die Ardèche mündet bei Pont-St. Esprit in die Rhone, und hier liegt der Ausgangspunkt unserer Tour.

Auf der N 86 fahren wir zunächst einige Kilometer nach Norden in Richtung Valence. Dann taucht links eine Tankstelle auf, unmittelbar danach eine Kreuzung: Wir biegen auf die N 101 ein. Nun sollte man die Aufmerksamkeit auf einen Wegweiser nach St. Julien-de-Peyrolas richten. An diesem vorbei, geht es bis zur Straße mit der Bezeichnung D J 4, die rechts von der N 101 abbiegt und durch einen Bambushain

Bagnols ist der Endpunkt der Tour durch die Ardèche-Berge.

und über eine alte Hängebrücke nach St. Martin d'Ardèche führt. Dieser Ort ist eine fester Begriff für Kanufahrer und Badefans. Aus der Vogelschau kann man den Ort betrachten, wenn man an der Kreuzung zur D J 4 noch einen Kilometer weiter auf der N 101 nordwärts nach Aiguèze fährt, einer Art „Aussichtsbalkon" hoch über dem Fluss auf einem senkrecht abfallenden Felsen.

Zurück nach St. Martin: Die kurvenreiche, aber gut ausgebaute D 290 führt hoch über dem bis zu 300 Meter tief eingegrabenen Fluss nach Vallon-Pont d'Arc, vorbei an Chames mit einem romantischen Gasthaus und Campingplatz unten im Tal. Von Vallon geht es auf der N 579 nach Ruoms und auf der D 208 über Auriolles nach Südwesten. Kurz hinter St. Alban, wo man echte Hinkelsteine besichtigen kann, zweigen wir auf die D 246 nach Lablachère und dort auf die N 104 nach Les Vans ab. Wir be-

Gewürze wie im Orient: Das Angebot auf dem Markt in Pont-St. Esprit.

Pont-St. Esprit: Der römische Einschlag ist in Südfrankreich unübersehbar.

Motorradtouren in Südfrankreich

Region: Cevennen – Ardèche
Etappe: Pont-St. Esprit – Ardèche – Alès – Bagnols
Karten: Michelin 80

Nr/km	Road	Position	Richtung	Information
1 4	N 86	Pont-St. Esprit	Valence	
2 2	N 101		Laval-St. Roman	
3 6	N 101	Kreuzung N 101 / D 25	Laval-St. Roman	
4 1	N 101	Kreuzung N 101 / D 141	Aiguèze	
5 4	DJ 4	Kreuzung N 101 / DJ 4	St. Martin-d'Ardèche	
6 16	D 290	St. Martin	Vallon-Pont-d'Arc	Hotel Bellevue, St. Martin-d'Ardèche, Tel. 04 75 04 66 72; Auberge des Gorges, Tel. 04 75 04 65 35; Aiguèze: Rustic Hotel, Grand Rue, Tel. 04 66 82 13 05
7 14	D 290	Kreuzung D 290 / D 290 A	Vallon	Gorges d'Ardèche
8 15	N 579	Vallon	Ruoms	Auberge Au Vieux Moulin, Vallon-Pont-d'Arc, Route de Salavas, Tel. 04 75 88 00 00, und Manoir de Raveyron, Tel. 04 75 88 03 59
9 7	D 208	Ruoms	St. Alban	Auberge La Lauze, Ruoms (in Rocher de Sampzon), Tel. 04 75 39 61 58
10 0,5	D 208	Kreuzung D 208 / D 246	Chandolas	
11 7	D 246	Kreuzung D 208 / D 246	Lablachère	
12 17	D 104	Lablachère	les Vans	Felsenmeer Bois de Paiolive
13 13	N 101	les Vans	Villefort	Hotel-Restaurant Le Carmel, les Vans, Tel. 04 75 94 99 60
14 11	N 101	Kreuzung N 101 / D 155	Villefort	
15 11	N 106	Villefort	Génolhac	Hotel du Nord, Villefort, Tel. 04 66 46 80 12; Gite d'étape in Les Sédaries bei Madame Kievits, Tel. 04 66 46 84 33
16 9	N 106	Concoules	Génolhac	
17 14	D 156	Génolhac	Besseges	Gite d'étape in Génolhac/ Toureves bei Mesdames Postel-Vinay und Lemaire, Tel. 04 66 61 10 01; Hotel du Chalet, Tel. 04 66 61 11 08

finden uns hier am südlichen Rand des Plateau d'Ardèche, das ebenso wie die meisten Hochebenen dieser Gegend vor 60 Millionen Jahren als Folge der Auffaltung von Alpen und Pyrenäen hochgedrückt wurde.

Les Vans war im 19. Jahrhundert ein Zentrum der Seidenraupenzucht, einem der wenigen, damals ertragreichen Wirtschaftszweige der Cevennen neben Schafzucht und Tourismus. Ausländische Konkurrenz, vor allem aber eine sich unter den Raupen ausbreitende Krankheit, trieb die Industrie in den Ruin. Östlich von Les Vans, über eine kleine Straße in Richtung Maisonneuve zu erreichen, liegt das durch Verwitterung entstandene, bizarre „Felsenmeer" des Bois de Paiolive.

Die seltsam geformten Steine tragen phantasievolle Namen wie Elefant, Frosch oder Drachen. Außerdem finden sich hier römische Ausgrabungen, Gräberfelder und Dolmen.

Auf der N 101 erreichen wir über den fast 900 Meter hohen Col du Mas de l'Air das Touristenzentrum Villefort, dessen Geschichte mit dem im 14. Jahrhundert zerstörten Schloss von „Montisfortis" beginnt und das erst durch die Eröffnung der Eisenbahnlinie 1867 aus seiner Abgeschiedenheit erlöst wurde. Die Esskastanien von Villefort sind national bekannt, die Straßencafés

Der Markt von Pont-St. Esprit – jeweils samstags – gilt als besonderer Anziehungspunkt der Region.

Nr/km	Road	Position	Richtung	Information
18 1	D 156	Kreuzung D 156 / D 17	Besseges	
19 2	D 156	Kreuzung D 156 / D 29	Besseges	
20 5	D 51	Besseges	St. Ambroix	
21 6	D 51	Kreuzung D 51 / D 130	St. Ambroix	
22 3	N 104	St. Ambroix	Alès	Auberge au Temps de Vivre, St. Ambroix, Tel. 04 66 24 31 42
23 7	N 104	Kreuzung N 104 / D 437	Alès	
24 6	N 104	Kreuzung N 104 / D 131	Alès	
25 8	D 6	Alès	Bagnols-sur-Cèze	Ceven'Hotel, Alès, 18, rue E. Quinet, Tel. 04 66 52 27 07
26 1	D 6	Kreuzung D 6 / D 747	Bagnols	
27 3	D 6	Kreuzung D 6 / D 293	Bagnols	
28 7	D 6	Kreuzung D 6 / D 7	Bagnols	
29 7	D 6	Kreuzung D 6 / D 356	Bagnols	
30 4	D 6	Vallèrargues	Bagnols	
31 5	D 6	Kreuzung D 6 / D 144 / D 406	Bagnols	
32 2	D 6	Kreuzung D 6 / D 23	Bagnols	
33 0,5	D 6	Kreuzung D 6 / D 9	Bagnols	
34 9	D 6	Kreuzung D 6 / D 340	Bagnols	
35 2	D 6	Kreuzung D 6 / D 143	Bagnols	

Die Ardèche-Tour führt über kleine und kurvenreiche, teilweise bergige Straßen in eines der ärmsten Departements von Frankreich.

und Wochenmärkte, vor allem aber der nördlich gelegene und von 1000 Meter hohen Bergen eingeschlossene Stausee bieten eine attraktive Freizeitkulisse. Große Attraktionen darf man in dieser Gegend allerdings nicht erwarten, denn das Departement Ardèche zählt zu den ärmsten Frankreichs. Große Teile sind während der Wintermonate regelmäßig durch Schnee von der Aussenwelt abgeschnitten.

Die N 106 führt uns nach Génolhac, die D 156 nach Besseges, schließlich die D 51 nach St. Ambroix. Hier ist Gelegenheit für einen Ausflug zu einer der zahlreichen Höhlen, die sich im Kalkgestein gebildet haben: Von St. Ambroix auf der N 104 nach Norden in Richtung St. Paul-le-Jeune liegt auf halbem Weg die Grotte von Cocalière mit einem 36 Kilometer langen Tunnelsystem. Unweit davon, in einer anderen, 1994 entdeckten Höhle fanden sich über 30 000 Jahre alte Felsmalereien, älter als die Felszeichnungen in den berühmten Höhlen von Altamira und Lescaux.

Südlich führt die N 104 nach Alès, dem touristisch wichtigsten Ort der Cevennen und der bereits zur Römerzeit über eine Handelsstraße mit dem Mittelmeer verbunden war. Die beiden Burgen von zwei ehemals miteinander konkurrierenden Dynastien sind das Merkmal der Stadt, außerdem die Kohlebergwerke und das angeschlossene Bergbaumuseum. Von Alès führt die D 6 zurück ins Rhonetal nach Bagnols-sur-Cèze.

Bagnols ist aus zwei Blickwinkeln interessant: Zunächst das Museum. Man staunt! Hier sind die ganz großen Namen der modernen Kunst vertreten, etwa Monet, Bonnard, Matisse, Renoir, Pissaro, Cézanne, Gauguin oder Picasso. Der zweite Schwerpunkt ist schon von weitem an dem einhundert Meter hohen Schornstein auszumachen: Das Atomzentrum Marcoule, in dem Uran zu Brennstäben verarbeitet wird.

Auskunft
St. Martin-d'Ardèche:
Office de Tourisme
rue de la Mairie
Tel. 04 75 98 70 91

Vallon-Pont d'Arc:
Office de Tourisme
Cité Administrative
Tel. 04 75 88 04 01

Les Vans:
Office de Tourisme
place Ollier
Tel. 04 75 37 24 48

Villefort:
Syndicat d'initiative
du Canton, Marie
Tel. 04 66 46 80 26

Génolhac:
Syndicat d'initiative
place du Porche,
04 66 61 10 55

Besseges:
Office de Tourisme
1, rue Albert-Chambonnet
Tel. 04 66 25 08 60

Alès: Office de
Tourisme d'Alès
et des Cevennes
49, rue Michelet
Tel. 04 66 78 49 10

Service-Stationen
Alès: Méridional
Autos (BMW)
571, chemin de la
Tortugue Rocade
Est
Tel. 04 66 30 14 14

Übernachtungen
Hotel Bellevue
St. Martin-d'Ardèche
Tel. 04 75 04 66 72

Auberge des Gorges
St. Martin-d'Ardèche
Tel. 04 75 04 65 35

Rustic Hotel
Aiguèze
grand rue
Tel. 04 66 82 13 05

Auberge Au vieux
Moulin
Vallon-Pont-d'Arc
route de Salavas
Tel. 04 75 88 00 00

Manoir de Raveyron
Vallon-Pont-d'Arc
Tel. 04 75 88 03 59

Auberge La Lauze
Ruoms (in Rocher
de Sampzon)
Tel. 04 75 39 61 58

Hotel-Restaurant
Le Carmel
Les Vans
Tel. 04 75 94 99 60

Hotel du Nord
Villefort
Tel. 04 66 46 80 12

Gite d'étape
Les Sédaries
Madame Kievits,
Tel. 04 66 46 84 33

Gite d'étape
Génolhac/Toureves
Madames Postel-Vinay und Lemaire
Tel. 04 66 61 10 01

Hotel du Chalet
Génolhac
Tel. 04 66 61 11 08

Auberge au Temps
de Vivre
St. Ambroix
Tel. 04 66 24 31 42

Ceven'Hotel
Alès
18, rue E. Quinet
Tel. 04 66 52 27 07

Wetter
In den Wintermonaten, aber auch im frühen Frühjahr ist von der Tour unbedingt abzuraten, da mit großer Wahrscheinlichkeit die Bergstraßen nicht frei passierbar sind. Auskunft über die örtlichen Tourismusämter sowie das nationale Wettertelefon (siehe Seite 111).

Der gute Rat
In der Feriensaison Hotelzimmer immer telefonisch reservieren!

17 Durch den Luberon: von Cavaillon über Pertuis nach Manosque

Ausgangsort
Cavaillon

Zielort
Manosque

Gesamttourenlänge
Rund 120 km

Zeitbedarf
1 Tag

Anschluss
Tour 8 in Cavaillon

Sehenswertes
Cavaillon: Kathedrale, Synagoge, Altstadt. Nationalpark des Luberon. Cadenet: Kirche mit antiken Steinarbeiten. Ménerbes: Abtei St. Hilaire, Korkenziehermuseum. Lacoste: Schloss des Marquis de Sade.

Kurzbeschreibung
Von Cavaillon durch die Berge des Luberon und dann über den Combe de Lourmarin hinab ins Tal der Durance. Von dort hinauf in den Nationalpark des Luberon und abermals zurück ins Durancetal bei Manosque. Man sollte sich von der bescheidenen Tourenlänge nicht täuschen lassen, denn die überwiegend kleinen Straßen und zahlreichen Aussichtsstops sind zeitaufwendig.

Cavaillon ist eine der verkannten Städte der Provence. Ehemals eine reiche Stadt im Zentrum päpstlichen Besitzes, befindet sich heute hier das „Melonenzentrum". Vom Hügel Saint-Jacques hat man einen schönen Blick über Stadt, Durancetal, Luberon und die Alpilles.

Die Tour führt in die Berge des Luberon, geologisch bereits Voralpenland, doch landschaftlich eher ein von Wein- und Obstbau bestimmter Park. Die Berge sind zwar kaum über 600 Meter hoch, aber sie haben durchaus – etwa bei unserer ersten Etappe auf der D 2 in Robion oder anschließend auf der D 29 bei Maubec – eine schroffe, felsige Seite. Auch das über die D 176 zu erreichende, etwas südlich gelegene Oppède wird von steilen Felsen überragt, und von der Schlossruine bietet sich ein bemerkenswerter Ausblick auf das Flusstal. Zurück auf der D 188, geht es nach Ménerbes weiter und dann auf der D 109 nach

In voller Pracht: Felder im Luberon.

Lacoste (Schloss des Marquis de Sade) und Bonnieux (Bäckereimuseum). Hier ist die Kirche zwar jüngeren Datums, doch die vier Altartafeln stammen aus dem 16. Jahrhundert. Der Blick vom Belvedere reicht bis zum Mont Ventoux.

Kleine verwinkelte Dörfer verteilen sich auf die Anhöhen des Luberon.

Nun geht die Fahrt auf der D 943 durch eine von Festungen gesäumte Bergschlucht, die Combe de Lourmarin, und den Ort Lourmarin – ehemals Wohnort des Schriftstellers Albert Camus – nach Cadenet und anschließend auf der D 973 nach Pertuis. Cadenet ist weniger interessant als

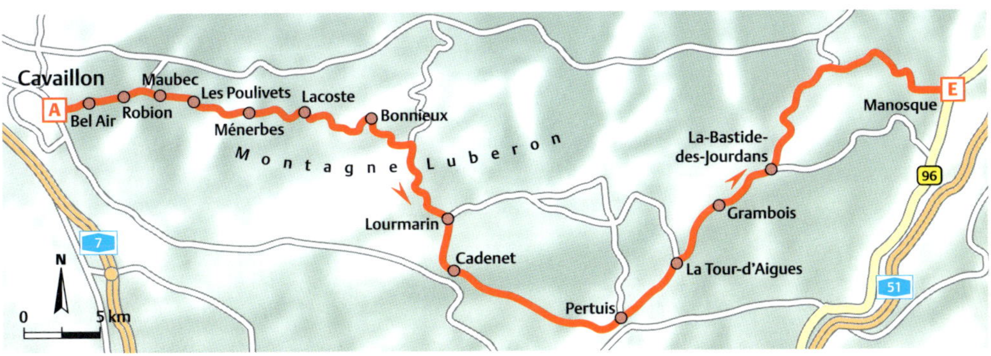

17 Motorradtouren in Südfrankreich

Region: Provence – Luberon
Etappe: Cavaillon – Pertuis – Manosque
Karten: Michelin 81

Nr	km	Road	Position	Richtung	Information
1	5	D 2	Cavaillon	Gordes	Hotel Bel-Air, Cavaillon, 62, rue Bel-Air, Tel. 04 90 78 11 75
2	3	D 2	Bel Air	Bonnieux	
3	2	D 2	Robion	Bonnieux	
4	2	D 29	Kreuzung D 2 / D 29	Maubec	
5	3	D 29	Maubec	Ménerbes	Oppède
6	7	D 188	Poulivets	Ménerbes	
7	8	D 109	Ménerbes	Bonnieux	
8	6	D 109	Lacoste	Bonnieux	
9	5	D 36	Bonnieux	Cadenet	Hotel César, Bonnieux, place de la Liberté, Tel. 04 90 75 80 18
10	8	D 943	Kreuzung D 36 / D 943	Cadenet	Combe de Lourmarin
11	5	D 943	Lourmarin	Cadenet	
12	13	D 973	Cadenet	Pertuis	
13	6	D 956	Pertuis	La Tour-d'Aigues	
14	6	D 956	La Tour-d'Aigues	Grambois	
15	5	D 956	Grambois	La Bastide-des Jourdan	
16	9	D 956	La Bastide	Montfuron	
17	5	D 907	Kreuzung D 907 / D 105	Manosque	Hotel Campanile (N 96), Manosque, Tel. 04 92 70 04 00; Hotel Le Sud, av. du Général de Gaulle, Tel. 04 92 87 78 58

Pertuis, weil hier die Altstadt mit den teilweise gut erhaltenen Häusern der Klassik und Renaissance noch Hinweise auf den traditionellen Reichtum des Durancetals liefert.

Dieses Tal verlassen wir jetzt allerdings und fahren auf der D 956 über La Tour-d'Aigues (eindrucksvolles Schloss) und La Bastide-des-Jourdans durch den Nationalpark des Luberon – ein weiträumiges Naturschutzgebiet. Bei Montfuron, bemerkenswert durch Aussicht und Schloss, biegen wir auf die D 455 ab, dann auf die D 907 nach Manosque. Zwar könnte man nun die Rückreise nach Cavaillon auf der breiten N 96 antreten. Doch zuvor sollte man einen Besuch hinter den malerischen Stadttoren von Manosque nicht versäumen. Der Schriftsteller

Jean Giono lebte und starb hier (Villa Parais, Tel. 04 92 87 73 03). Die Altstadt, geschützt durch einen Befestigungswall, gilt als nahezu einzigartig in Frankreich. Auf dem Mont d'Or, einem der fünf Hügel der Stadt, steht ein einsamer Turm als Rest des früheren Schlossbaus.

Weniger aus historischer Sicht ist die Umgebung von Manosque bemerkenswert. Wenn man nämlich am Canal EDF entlang südwärts fährt (genauer gesagt, auf der Landstraße zwischen Kanal und Autobahn), erhält man einen Eindruck von den wirtschaftlichen Schwerpunkten der Region: Neben der Landwirtschaft sind es Raketen und Energie. Zwei Stromzentralen befinden sich hier. Weiter südlich das Atomforschungszentrum Cadarache mit 3000 Beschäftigten. Etwa nordwestlich von Manosque, bei St. Martin-les-Eaux, befinden sich die in unterirdischen Kavernen eingelagerten strategischen Treibstoffreserven von Frankreich. Nicht zu vergessen das nahe Plateau d'Albion, wo die Atomraketen der Force de Frappe bis vor wenigen Jahren in ihren unterirdischen Silos startbereit waren.

Ein typisches Dorf in den Alpes de Provence: Les Arcs.

Auskunft

Cavaillon:
Office de Tourisme
place Francois-Tourel
Tel. 04 90 71 32 01

Lourmarin:
Office de Tourisme
av. Philippe de Girard
Tel. 04 90 68 10 77

La Tour d'Aigues:
Office de Tourisme
Le Château
Tel. 04 90 07 50 29

Bonnieux:
Office de Tourisme
7, place Carnot
Tel. 04 90 75 91 90

Manosque:
Office de Tourisme
place Dr. P. Joubert
Tel. 04 92 72 16 00

Service-Stationen

Cadenet: Esso,
route de Pertuis
Tel. 04 90 68 22 50

Gordes: Elf, D 2 Les Imberts
Tel. 04 90 76 71 41

Manosque: Bayle Moto
72, avenue Jean Giono
Tel. 04 92 72 12 42

Pertuis: Durance Moto
230, rue de la Tour
Tel. 04 90 79 29 75

Übernachtungen

Hotel Bel-Air
Cavaillon
62, rue Bel-Air
Tel. 04 90 78 11 75

Hotel César
Bonnieux
place de la Liberté
Tel. 04 90 75 80 18

Hotel Campanile
Manosque
N 96
Tel. 04 92 70 04 00

Hotel Le Sud
Manosque
av. du Général de Gaulle
Tel. 04 92 87 78 58

Wetter

Zu erfragen bei den örtlichen Tourismusämtern sowie beim nationalen Wettertelefon (siehe Seite 111). Ganzjährig befahrbar.

Der gute Rat

In Frankreich sind am Montag zahlreiche Geschäfte und auch Museen geschlossen.

18 Entlang der Côte d'Azur und in die Seealpen: von Nizza über Cannes nach Grasse und Vence

Ausgangsort
Nizza (Nice)

Zielort
Nizza

Gesamttourenlänge
Rund 100 km

Zeitbedarf
Etwa 1 Tag

Anschluss
Tour 1 in Nizza

Sehenswertes
Nizza: Altstadt, Blumenmarkt, Museen, Uferpromenade. Cannes: Altstadt, Museen, Uferpromenade. Grasse: Altstadt, Parfümhersteller und -museum. Gourdon: Kunst im Schloss. Vence: Schloss, Galerien, Museen.

Kurzbeschreibung
Von Nizza dem Meer entlang bis Cannes, dort nordwärts nach Grasse und weiter ins Bergland sowie durch den Gorges du Loup. Rückfahrt über die „Kunststadt" Vence nach Nizza.

Nizza ist der Ausgangspunkt dieser Tour. Die Hauptstadt der Côte d'Azur, italienisch bis 1860 und mit einer berühmten Uferpromenade im britischen Stil, gilt als polyglotte Metropole unter Frankreichs Städten. Abgesehen von der Altstadt sollte man vier Museen nicht versäumen: das der modernen Kunst, der schönen Künste, Museum Matisse und Museum Chagall.

Von Nizza führen uns die D 41 und N 559 durch die Badeorte Antibes und Golfe-Juan nach Cannes. Dass sich die Einwohner der wohl elegantesten Stadt der Côte d'Azur ungeachtet der zahlreichen High-Society-Besucher ihrer Region durchaus verbunden fühlen, zeigt sich am deutlichsten im „Canolive" (rue Venizelos), einem Markt für alles, was die Provence zu bieten hat, vom Honig bis zur Olivenseife. An-

Unmittelbar hinter der Küste steigt die Straße steil ins Bergland an.

Nur eine der quirligen Städte an der Côted'Azur: Blick auf Nizza.

ziehungspunkt ist neben dem Boulevard de la Croisette mit seinen Hotelpalästen, Edelboutiquen und Nachtclubs die Altstadt. Einen schönen Ausblick auf die Stadt bietet der Höhenweg (Chemin des Collines) im östlichen Vorort Le Cannet.

In Cannes suchen wir die Abfahrt von der N 7, die durch Vororte wie La Bocca und Mandelieu führt, ausgeschildert in Richtung Autobahn – die wir in Mandelieu überqueren. Kurz nach der Brücke rechts auf die D 109 nach Grasse. Bei Pégomas ändert sich die Bezeichnung in D 9. Bei Les Chemins biegen wir nach links auf die N 567 ab und haben Grasse erreicht.

In der Parfümstadt sollte man neben dem Duftmuseum (Place du Cours) einen Besuch der Parfümhersteller nicht versäumen (Fragonard/bd. Fragonard, Galinard/Route de Cannes, Molinard/bd. Victor Hugo). Bei Galinard kann man sich für 200 DM einen eigenen Duft komponieren lassen. Die Geburtsstadt des Malers Fragonard (Museum) mit Altstadt und Kathedrale (Gemälde von Rubens) bietet sich für vielfältige Ausflüge an.

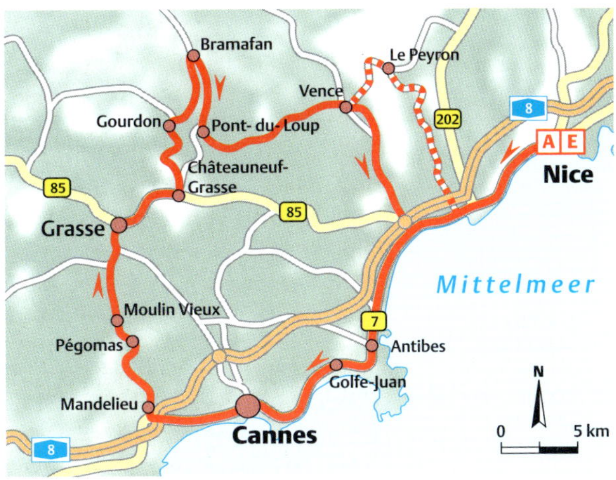

18 Motorradtouren in Südfrankreich

Region: Côte d'Azur – Seealpen
Etappe: Nizza – Cannes – Grasse – Vence – Nizza
Karten: Michelin 84

Nr/km	Road	Position	Richtung	Information
1 22	D 41	Nizza	Cannes	Star Hotel, Nizza, 14, route Biscarra, Tel. 04 93 85 19 03
2 11	N 559	Golfe-Juan	Cannes	
3 7	N 7	Cannes	Mandelieu	Anschluss an Tour 3
4 12	D 109	Mandelieu	Pégomas	
5 2	D 9	Pégomas	Moulin Vieux	
6 8		Moulin Vieux	Grasse	
7 2	N 567	Kreuzung D 9 / N 567	Grasse	
8 6	N 85	Grasse	A Villeneuve-Loubet	Grottes de St. Cézaire A Hotel Patti, Grasse, place Patti, Tel. 04 93 36 01 00
9 16	D 3	Chateauneuf-Grasse	Gourdon, Bramafan	
10 6	D 3	Gourdon	Bramafan	Gorges du Loup
11 13	D 6	Bramafan	A Pont-du-Loup	Gréolières A
12 15	N 210	Pont-du-Loup	Vence	
13 17	D 36	Vence	V St. Paul / Nizza	Le Peyron V Parc Hotel, Vence, 50, av. Foch, Tel. 04 93 58 27 27 A

Nur etwa 15 Kilometer nach Nordwesten sind es auf der N 85, der berühmten „Route Napoléon", zum etwa 1000 Meter hohen Pas de la Faye. Wer Lust und Zeit hat, kann in St. Vallier-de-Thiey, kurz vor der Passhöhe, auf die D 5 abbiegen. Dann geht es über den 685 Meter hohen Col de la Leque – mit Ausblick auf die Siagne-Schlucht – bis St. Cézaire. Kurz vor dem Ort biegen wir auf die kleine D 613 ab und erreichen nach etwa drei Kilometern die Höhlen von St. Cézaire. Der Rückweg führt weiter auf der D 613 und dann auf der D 11 über Spéracèdes und Cabris, einem beliebten Künstlerort mit Burgruine, zum Plateau Napoléon mit herrlicher Aussicht.

Von Grasse geht die Fahrt auf der N 85 bis Châteauneuf-Grasse, wo wir auf die D 3 nach Gourdon abbiegen. Gourdon sitzt als malerisches Bergdorf wie ein Adlernest auf einem Hochplateau. Sehenswert ist das Schloss wegen seiner zahlreichen unterschiedlichen Baustile aus dem 9., 10. und 14. Jahrhundert, aus der Renaissance ebenso wie in Anlehnung an arabische und toskanische Stilelemente.

Gourdon ist zugleich der Eingang zu den Gorges du Loup. Bevor man sich bei Bramafan zur Rückfahrt entschließt, lohnt es, noch einige Kilometer auf der D 3 bis Gréolières auf sich zu nehmen, einem typischen hochprovenzalischen Dorf mit einer sehr schönen Kirche. Die Berge erreichen hier eine Höhe von fast 1800 Metern. Wer Lust hat, kann einen Ausflug über die D 79 nach Pont-du-Loup, dann über die D 5 und den Col de la Sine (Obervatorium auf dem Calern) sowie bei St. Lambert über die D 112 und D 12 zurück nach Gourdon unternehmen.

Doch zurück zu den Gorges du Loup. Diese Schlucht ist durch senkrechte Felswände gekennzeichnet, die von riesigen Strudellöchern durchsetzt sind. Drei große Wasserfälle gibt es: den Saut de Loup, die Cascade des De-

Um die historische Substanz und das Stadtbild zu erhalten, wird so manches alte Haus aufwendig restauriert.

moiselles und den Wasserfall von Couronnes (40 m hoch). Bei Bramafan geht es auf der D 6 südwärts, vorbei an Stromschnellen, auf einer der schönsten Strecken der Hochprovence. In Pont-du-Loup (nicht zu verwechseln mit dem gleichnamigen Ort an der D 5 weiter nördlich) führte einst die Eisenbahnlinie Nizza – Draguignan über ein Viadukt, das 1944 zerstört wurde. Hier wechseln wir auf die N 210 nach Vence.

Die Stadt Vintium, wie Vence bei den alten Römern hieß, wurde später zu einem bedeutenden Bischofssitz. Der örtliche Adel war ebenso mit mächtigen Königshäusern (Spanien, Frankreich, Deutschland, England) verbunden wie mit päpstlichen Verwandten. Im Schloss finden wechselnde Ausstellungen von Künstlern statt, die in Vence gelebt und gearbeitet haben (Matisse, Dufy, Chagall etc.). Sehenswert ist der mittelalterliche Stadtkern mit den historischen Toren und zeitgenössischen Künstlerateliers.

Eine nördliche Ausflugsrunde über die D 210, D209, D1 und D 2 bringt uns zunächst zum Château Notre Dame-des-Fleurs (ehemaliger Bischofssitz, heute Galerie zeitgenössischer Kunst) und auf die so genannte Route des Cretes. Die Straße führt zu den Bergen Baou des Blancs, Baou des Noirs und Baou de St. Jeannet, durch die Dörfer Le Broc oder Coursegoules. Der Col de Vence (970 m) bietet eine reizvolle Aussicht auf die Küste und das Esterel-Massiv.

Die Nachbarstadt von Vence, St. Paul, konkurriert mit der geschichtlichen wie kulturellen Bedeutung von Vence. Die nahezu unversehrten mittelalterlichen Mauern bieten eine besondere Kulisse für die Wirkungsstätte zahlreicher berühmter Maler wie Bonnard, Mondigliani oder Soutine. Die Rue Grande mit den alten Häusern und Ateliers ist für einen Rundgang ebenso interessant wie die gut erhaltenen, sehenswerten Befestigungsanlagen am Südtor.

Auf der D 36 – wahlweise auch auf einem Umweg über die N 210 nach Le Peyron und dann auf der D 118 über die Corniche du Var – geht es zurück nach Nizza.

Auskunft

Nizza:
Office de Tourisme
5, prom. des Anglais
Tel. 04 93 14 48 00

Grasse:
Office de Tourisme
22, cours H. Cresp
Tel. 04 93 36 66 66

Vence:
Office de Tourisme
place Grand-Jardin
Tel. 04 93 58 06 38

Service-Stationen

Cannes: Mick Motos
34, rue M. Del Ponte
Tel. 04 93 47 19 85

Grasse: Total
route de la Paoute
Tel. 04 93 77 87 66

Nizza:
Moto Sport République
5 B, route Cais de Pierlas
Tel. 04 93 89 84 08

Vence: BP
976, avenue Rhin Danube
Tel. 04 93 58 07 19

Übernachtungen

Star Hotel
Nizza
14, route Biscarra
Tel. 04 93 85 19 03

Hotel Patti
Grasse
place Patti
Tel. 04 93 36 01 00

Parc Hotel
Vence
50, av. Foch
Tel. 04 93 58 27 27

Wetter

Während der Wintermonate sind die Ausflugsstrecken im Norden problematisch. Zu erfragen bei den örtlichen Tourismusämtern und über das nationale Wettertelefon (siehe Seite 111).

Der gute Rat

Im Einzugsbereich der Côte d'Azur kann man keine günstigen Preise erwarten. Ausweichen ins Hinterland hilft meistens!

Die Calanques zwischen Marseille und Cassis: Buchten und Schluchten

19

Ausgangsort
Marseille

Zielort
Die Calanques der Küste

Gesamttourenlänge
Etwa 30 oder 40 km

Zeitbedarf
Insgesamt 1 Tag

Anschluss
Tour 5 in Marseille

Sehenswertes
Altstadt von Marseille, Kirche Notre Dame-de-la-Garde, alter Hafen, Palais Longchamp, Uferstraße, Insel Château d'If, Museen, in nördlicher Küstenvorstadt L'Estaque die Künstlerkneipen (Paul Cézanne, Georges Braque) „Panisse" und „Chichi Fréji".

Kurzbeschreibung
Die „Calanques" genannten und fjordartigen Buchten an der Küste zwischen Marseille und Cassis sind sowohl durch das Stadtgebiet südwärts als auch über die Autobahn in Richtung Toulon erreichbar. Die Strecke führt über kleine Wege.

Marseille gilt vielen Landeskennern neben Paris als interessanteste Stadt der Grand Nation. Freilich haben die Reize von Frankreichs zweitgrößter Stadt auch unmittelbar mit ihren Problemen zu tun: Hohe Arbeitslosigkeit nach dem Niedergang von Schiffsbau und Seehandel, der erhebliche nordafrikanische Bevölkerungsanteil, der auf mindestens 50 Prozent geschätzt wird, mehrere Autobahnen, die unmittelbar in das Zentrum führen und daher wenig zu erträglichen Verkehrsbedingungen beitragen. Ganz nebenbei ist Marseille auch noch das Chicago am Mittelmeer mit einer überwiegend korsisch bestimmten Mafia und einer nicht zuletzt die Touristen bedrohenden Kleinkriminalität. So empfiehlt es sich dringend, teuere Maschinen nicht irgendwo unbeaufsichtigt am Straßenrand zu parken, sondern hierfür einen sicheren Ort in einer der inzwischen zahlreichen Tiefgaragen zu suchen.

Ungeachtet dieser Nachteile überwiegen die Pluspunkte: Älteste Stadt Frankreichs, größte Hafenstadt, eine Bevölkerungsmischung mit allen Vorzügen multikultureller Trends. Ein wenig spröde mag sie sein, die Stadt zwischen den weißen

Steil abfallende Felsen kennzeichnen die Calanques bei Marseille.

Motorradtouren in Südfrankreich

Region: Marseille – Küste
Etappe: Marseille – Calanques
Karten: Michelin 84

Nr/km	Road	Position	Richtung	Information
1 / 10	Quai de Rive Neuve	Alter Hafen	Küste/ Corniche	Am Meer entlang Marseille: Hotel Clarine, 31, rue Rouet, Tel. 04 91 79 56 66
2 / 2		Prom. G. Pompidou	Am Meer entlang	
3 / 20		Kreisverkehr	Calanque de Sormiou	Auf Wegweiser achten
4 / 4		Vorstadt	Calanque de Sormiou	Richtung beibehalten (s. Text)
5 / 2		Waldweg	Steil aufwärts	
6 / 4	Waldweg	Serpentinen abwärts		Blick auf Calanque de Sormiou
7 / 5	Waldweg	Calanque de Sormiou	N 559 Le Redon / Col de la Gineste / Cassis / Toulon	
8 / 9	N 559	N 559	Cassis / Toulon	
9 / 1	RF		Logisson	
10 / 5	RF	Logisson	Waldweg / Fußweg zu den Calanques	

Kalkfelsen, aber auch vielfältig und schwer zu erschließen.

Wer sich einen Eindruck verschaffen will, hat zwei Möglichkeiten: Den oberflächlichen Eindruck mit den Stationen alter Hafen, Hauptstraße Canebière, Kathedrale Notre Dame de la Garde hoch oben auf dem Hügel und – bei schönem Wetter – einem Schiffsausflug zur Insel Château d'If, die durch Victor Hugos Roman „Der Graf von Monte Christo" unsterblichen Ruhm erlangt hat. Die zweite Möglichkeit fällt etwas gründlicher und deshalb auch aufwendiger aus. In die vor 2000 Jahren mit der griechischen Gründung von Massalia beginnende Urgeschichte einzusteigen ist sogar problematisch: Marseille gilt als antike Stadt ohne antike Denkmäler. Das Rathaus wurde im 17. Jahrhundert errichtet. Das gotische Hotel du Cabre (27, Grand'Rue) aus dem Jahr 1535 gilt als ältester Bau der Stadt. Die Kathedrale de la Major am Hafen, ein neobyzantinischer Prachtbau, halten auch die Bürger der Stadt für potthässlich. Es ist wirklich nicht einfach, dieser Stadt auf die Spur zu kommen.

Doch einige Besichtigungsziele sollte man sich nicht ersparen. Da ist zunächst das Fort am Ausgang des alten Hafens, unter König Ludwig XIV. errichtet und heute teilweise von der Fremdenlegion besetzt, die hier ein Tag und Nacht besetztes Anwerbebüro unterhält. Das Château du Pharo und die dazu gehörigen Gartenanlagen sind nur wenige Schritte vom Fort entfernt. Das frühere Armenhospiz „Vieille Charité" wird als Meisterleistung des mittelalterlichen Krankenhausbaus betrachtet und heute als Kulturzentrum genutzt. Das Palais Longchamp ist die Empfangsstation für das Wasser der Durance, das 80 Kilometer durch den Canal de Marseille fließt. Und schließlich ist da noch die Hauptstraße Canebière, die Afrika von Frankreich trennt: Rechts ist alles französisch, liegen Einkaufsstraßen wie die Rue de Rome. Links hausen in den kleinen Gassen und heruntergekommenen Hotels die nordafrikanischen Einwanderer. Zwar wurde in den letzten Jahren viel saniert und erneuert. Doch das Prinzip der Teilung gilt noch immer und geht in den nördlichen Vororten sogar so weit, dass die französische

Polizei ihre Zuständigkeit für die Ghettos an afrikanische Würdenträger abgegeben hat. Aber es gibt auch noch die Corniche, die berühmte Uferpromenade, eine der schönsten der Welt. Am einfachsten erreicht man sie, wenn man sich den Grundplan der Stadt einprägt. Steht man am alten Hafen mit dem Gesicht zum Meer, hat man im Rücken die Canebière. Rechts geht es zum Hafen sowie zu den nordwärts und nach Westen führenden Autobahnen, links zur Schnellstraße in Richtung Toulon sowie zur Uferpromenade.

Links am Hafenbecken entlang über den Quai de Rive Neuve, zwischen den Wällen der Zitadelle hindurch zum Boulevard Charles Livon, an dessen Ende links in die Rue des Catalans – und dann beginnt die „Corniche". Unmittelbar nacheinander folgen die Strände, die Plage de la Corniche, du Petit Roucas-Blanc, du Prado. Und dazwischen die Freizeithäfen.

In diese Richtung führt auch der Weg zu den berühmten Calanques. Genau genommen handelt sich dabei um etwa ein halbes Dutzend tief in das bis zu 600 Meter aufragende Küstenmassiv eingeschnittene, schmale Buchten, teilweise mit winzigen Häfen. Geologisch sind diese fjordähnlichen Einschnitte nichts anderes als die Mündung von Flüssen, die sich immer tiefer in den Kalkstein eingegraben haben. Die Flüsse sind verschwunden, die Schluchten geblieben, und sonst seltene Tiere, so etwa riesige Eidechsen oder Schlangen von furchterregender Länge, haben sich angesiedelt. Von den großen Calanques sind vor allem sechs zu nennen: Sormiou, der größte; Morgiou; Sugiton mit einem FKK-Strand; En-Vau, schmal, tief und eindrucksvoll; Port Pin und Port Miou, durch einen Waldbrand 1990 schwer in Mitleidenschaft gezogen. Unser Ausflug nach Sormiou beginnt an der Corniche Président John Kennedy, die nach etwa drei Kilometer in die Promenade Georges Pompidou übergeht und sich ab dem Kreisverkehr mit der Statue des David als Avenue Pierre Mendes-France fortsetzt. Nun gilt es, Ausschau zu halten nach der großen Pferderennbahn auf der linken Seite der vierspurigen Straße, was wegen des meist starken Verkehrs nicht ganz einfach ist. Dann folgt eine Kreuzung, schließlich ein weiterer Verkehrskreisel, jenseits dessen die Avenue d'Odessa weiterführt: Hier auf den Wegweiser „Sormiou" achten! Klein geschrieben, zusammen mit weiteren Hinweisen führt er nach links in ein Stadtviertel, in dessen unübersichtlichen, kleinen Straßen sich niemand zurechtfinden würde ohne die ganz brauchbare Ausschilderung zu dem „Calanque de Sormiou". Gelegentlich steht auch nur das Wort „Sormiou" auf einem kleinen Schildchen. Grundsätzlich gilt: Immer geradeaus bis zum nächsten Wegweiser. Keinesfalls auf eigene Faust abbiegen.

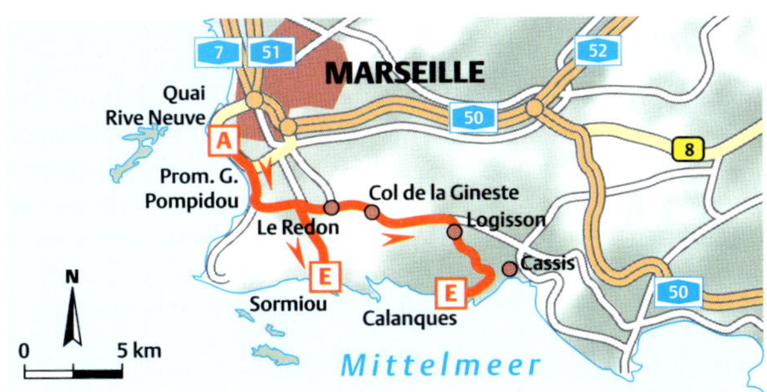

Die Berge des Hinterlandes bieten faszinierende Berg- und Kurvenfahrten.

Schließlich gerät man in eine Stadtrandregion mit großen Wohnblocks und Verwaltungsgebäuden, die unvermittelt in einen Pinienwald übergeht. Immer geradeaus! Schließlich bleibt keine andere Möglichkeit, als in einen schmalen Weg einzufahren, rechts von einem Maschenzaun begrenzt, und eine stets geöffnete Schranke zu passieren, dann ein Stoppschild, das man geflissentlich missachten sollte, weil niemand weiß, warum es überhaupt aufgestellt wurde.

Nach kurzer Fahrt über einen asphaltierten Berg- und Waldweg wird die Landschaft felsig und steil. Einige Kurven – und dann der große Aha-Effekt: An der Bergkante der Blick auf Meer und Calanque tief unten. An sonnigen Tagen buchstäblich atemberaubend. In engen Serpentinen, teilweise

Auskunft
Marseille: Office de Tourisme
4, La Canebière
Tel. 04 91 13 89 00

Service-Stationen
Marseille:
ACM Moto, 19, Rue Docteur J. Fiolle
Tel 04 91 81 25 51;
Land Bike, 88, Cours Lieutard
Tel. 04 91 54 04 25;
Central Sport, 135, Cours Lieutard
Tel. 04 91 48 68 10

Übernachtung
Hotel Clarine
Marseille
31, rue Rouet
Tel. 04 91 79 56 66

Wetter
Ganzjährig befahrbar, keine Probleme durch Witterung. Allerdings sind die Restaurants in den Calanques während der kalten Jahreszeit geschlossen.

Der gute Rat
Vorsicht in Marseille vor Langfingern. Motorrad und Gepäck in bewachten Garagen sichern.

schwindelerregend, führt die Straße steil zum Meer abwärts. Hier ist fahrerisches Können gefragt! Die sandige Bucht ist eng und schmal. An Sonnentagen ist das Gedränge groß.

Aber das gilt auch für die übrigen Calanques, die man – wieder auf der N 559 – in Richtung Cassis erreicht: Einige Kilometer jenseits des Col de la Gineste, vorbei an der Eliteschule der französischen Militärs, St. Cyr, taucht ganz unauffällig eine kleine Kreuzung auf. Dann ein Hinweisschild, dass es rechts nach Logisson geht. Keine Straßenbezeichnung. Auf diesem Waldweg fährt man, bis buchstäblich nichts mehr geht, weil die Kante der Felsabstürze zum Meer erreicht ist. Nun geht es zu Fuß über steile Pfade abwärts – in die Calanques von Port Miou, Port-Pin oder En-Vau.

20 Zu den Gipfeln der Ostpyrenäen: von Perpignan über Tarascon nach Bourg-Madame

Ausgangsort
Perpignan

Zielort
Perpignan

Gesamttourenlänge
Rund 360 km

Zeitbedarf
1 – 2 Tage (Empfehlung: 2 Tage)

Anschluss
–

Sehenswertes
Perpignan: Königspalast, Uferpromenade, Kathedrale, Museen. Foix: Schloss, unterirdischer Fluss. Mont-Louis: Stadtmauer. Gorges de Galamus de l'Aude. Höhle von Niaux bei Tarascon (über D 8).

Kurzbeschreibung
Von Perpignan westwärts bis St. Paul, dann nordwärts durch die Gorges de Galamus bis Couiza. Nach Osten bis in die Gegend von Foix, dann nach Süden unmittelbar zur spanischen Grenze und über 2000er-Pässe zur alpinen Zufahrt nach Andorra. Rund um den fast 3000 Meter hohen Pic Carlit wieder nordwärts durch das Tal der Aude und deren Seenplatte bis Axat und wieder zurück nach Perpignan.

Kleine Gasthäuser – hier das Château de Farges – laden zur Rast ein.

Perpignan, Frankreichs Grenzstadt nach Spanien, ist Ausgangspunkt für eine ausgedehnte Tagesreise, die unmittelbar in die Vorberge der Pyrenäen führt. Frankreichs wärmste Stadt wird auch „Hauptstadt von Französisch-Katalonien" genannt. Kleiner Ausflug in die Geschichte: Im 13. Jahrhundert war Perpignan die Hauptstadt des Königreichs Mallorca, übrigens gemeinsam mit Palma de Mallorca. Aus dieser Zeit stammt auch der allein schon in seinen Dimensionen imponierende Königspalast, die Zitadelle sowie die Torfestung Le Castillet. Sehenswert ist auch die Altstadt und die Kathedrale St. Jean.

Auf der N 117 geht es in großem Bogen nord- und dann westwärts nach Estagel und nach St. Paul-de-Fenouillet. Hier verlassen wir die Nationalstraße und fahren auf der D 7 und D 10 durch die Gorges de Galamus. Man sollte sich das romantische Vergnügen leisten und die kleine Eremitage von St. Antoine in der Felsschlucht besuchen. Über den Col du Linas geht es nun auf der D 14 bis zur Kreuzung mit der N 613, der wir in Richtung Couiza folgen. Hier erreichen wir das malerische Tal der Aude, dem wir bis zum touristischen Zentrum Quillan auf der N 118 folgen. Nun wenden wir uns auf der N 117 westwärts und erreichen zunächst Puivert: Bis zum Jahr 1279 gab es hier einen großen See, der sich einen unkontrollierten Aus-

gang verschaffte und dabei zwei Städte und mehrere Dörfer verwüstete. Nun folgt zunächst der Col de la Babourade, der Col del Teil sowie der Ort Bélesta, wo die Nationalstraße zur D 117 wird. Über Lavelanet geht es nach St. Antoine kurz vor Montgaillard, wo wir auf die N 20 treffen, der wir nach Süden folgen.
Tarascon-sur-Ariège ist die nächste Station am Schnittpunkt mehrer Täler, in denen es rund 50 prähistorische Höhlen gibt. Bemerkenswert sind Höhlen mit Wandbildern, so etwa in den Höhlen von Niaux, Bedeilhac, Lombrives und de la Vache. Weiter südlich, bei Unac, liegt die durch große Talkminen bekannte Ortschaft Luzenac. Ax-les-Thermes ist ein bekanntes Rheumabad. Wer über scharfe Augen verfügt, kann in den umliegenden Bergen gelegentlich Gämsen beobachten, die bis vor wenigen Jahren als ausgestorben galten. Inzwischen wurden im Tal der Orlu schon wieder über 1000 Tiere gezählt.

Bei Merens verläuft die Straße entlang der transpyrenäischen Eisenbahnlinie, als eine der höchsten in Europa eine Meisterleistung der Ingenieurtechnik. Nun führt die Straße durch wildes Bergland bis zur Kreuzung mit der N 20 B: Rechts geht es durch den irrwitzig kurvenreichen Port d'Envalira und über den mehr als 2000 Meter hohen Pas de la Case nach Andorra.

Unsere Strecke führt nach links über den ebenfalls über 1900 Meter hohen Pass von Puymorens auf der N 20 nach Bourg-Madame an der spanischen Grenze. Man muss nicht die Passroute fahren, sondern kann den 1994 eröffneten Tunnel benutzen. Übrigens sollte man nicht erstaunt sein, zwischen L'Hospilatet und der Passhöhe frei lebende Pferdeherden anzutreffen.

Ab der Passhöhe ändert sich die Landschaft sehr schnell. Die Route umrundet den fast 3000 Meter hohen Pic Carlit. Beim Dorf Carlit begegnen

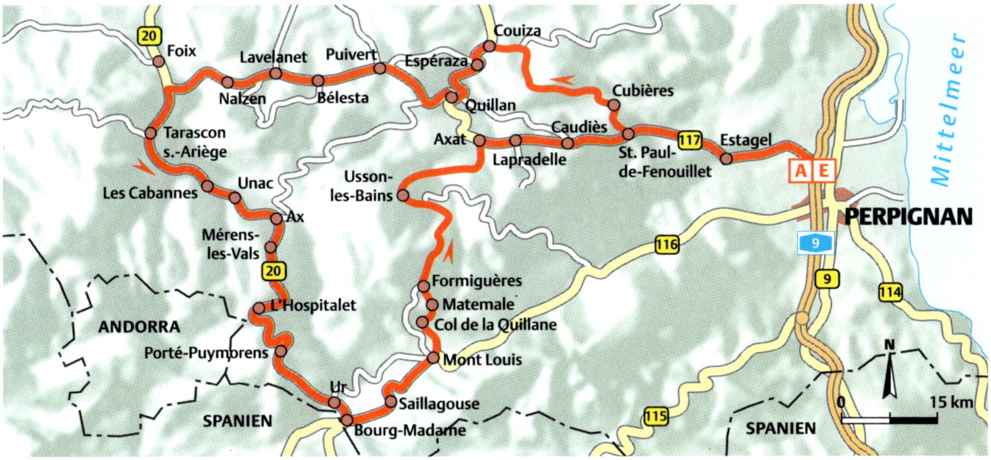

Motorradtouren in Südfrankreich

Region: Roussillon – Pyrenäen
Etappe: Perpignan – Tarascon – Bourg-Madame – Axat – Perpignan
Karten: Michelin 86

Nr/km	Road	Position	Richtung	Information
1 / 22	D 117	Perpignan	St. Paul-de-Fenouillet	Hotel Pyrénées, Perpignan, 122, av. Torcatis, Tel. 04 68 61 19 66
2 / 18	D 117	Estagel	St. Paul	
3 / 10	D 10	St. Paul	Couiza	Gorges de Galamus
4 / 23	D 14	Cubières	Couiza	
5 / 6	N613	Kreuzung D 14 / N 613	Couiza	
6 / 4	N 118	Couiza	Quillan	
7 / 8	N 118	Espéraza	Quillan	
8 / 16	N 117	Quillan	Puivert	Hotel Canal, Quillan, 36, bd. Charles-de-Gaulle, Tel. 04 68 20 08 62
9 / 8	N 117	Puivert	Foix	Hotel Lons, Foix, 6, Place Duthil, Tel. 05 61 65 52 44
10 / 8	N 117	Bélesta	Foix	
11 / 7	N 117	Lavelanet	Foix	
12 / 11	N 117	Nalzen	Foix	
13 / 9	N 20	Kreuzung D 11 / N 20	Tarascon-sur-Ariège	
14 / 11	N 20	Tarascon	Les Cabannes	
15 / 7	N 20	Les Cabannes	Unac/Lucenac	A
16 / 9	N 20	Unac	Ax-les-Thermes	
17 / 9	N 20	Ax	Mérens-les-Vals	Hotel Castelet, Ax-les-Thermes (im Norden der Stadt), Tel. 05 61 64 05 93 A

Nr/km	Road	Position	Richtung	Information
18 / 10	N 20	Mérens-les-Vals	L'Hospilatet	A
19 / 7	N 20	L'Hospilatet	Andorra A	Port d'Envalira (N 20B) A
20 / 3	N 20	Kreuzung N 20 / N 20 B	Porté-Puymorens Pass	
21 / 24	N 20	Porté-Puymorens	Bourg-Madame	
22 / 4	N 20	Ur	Bourg-Madame	
23 / 9	N 116	Bourg-Madame	Saillagouse	Hotel Celisol, Bourg-Madame, Tel. 04 68 04 53 70
24 / 7	N 116	Saillagouse	Mont Louis	
25 / 6	N 118	Mont Louis	Col de la Quillane	Hotel Corrieu, Mont-Louis, Tel. 04 68 04 22 04
26 / 8	N 118	Col de la Quillane	Matemale	
27 / 5	N 118	Matemale	Formiguères	
28 / 25	N 118	Formiguères	Usson-les-Bains	
29 / 19	N 118	Usson	Axat A	Grottes de l'Aguzou A
30 / 6	N 117	Axat	Lapradelle	
31 / 6	N 117	Lapradelle	St. Paul-de-Fenouillet	
32 / 11	N 117	Caudiès	St. Paul	
33 / 40	N 117	St. Paul	St. Paul	Zurück nach Perpignan

Idyllisch gelegene Kirchen finden sich im ganzen Land: hier Notre Dame von Aiguebelle.

wir den beiden Turmruinen von Tours, dann ein Viadukt, schließlich Bourg-Madame.

Lohnende Ausflugsziele: Das „Chaos von Targassonne“, eine riesige Ansammlung gigantischer Felsblöcke, die hier von den Gletschern abgelagert wurden. Außerdem der Sonnenofen („four solaire“) bei Odeillo, in dem über 3500 Grad Celsius erreicht werden. Ein schönes Erlebnis ist die Fahrt mit dem „Petit Train Jaune“ zwischen Latour und Villefranche, eine winzige Eisenbahn auf abenteuerlicher Bergstrecke (zu erreichen von der N 116 über die D 30 nach Süden). Und gleich noch eine Besonderheit: Die benachbarte Stadt Llivia liegt zwar in Frankreich, aber in einer spanischen Enklave.

Nun folgen wir der N 116 über den Col de Llous nach Saillagouse und erreichen danach das 1600 Meter hoch gelegene Mont-Louis, dessen Festung in historischen Zeiten eine wichtige strategische Aufgabe hatte. Hier biegen wir auf die N 118 ins malerische, beeindruckende Bergland ab, überqueren den Col de la Quillane und passieren zwischen Matemale und Puyvaladet zahlreiche Seen des Audetals. Bei Usson-les-Bains besteht die Möglichkeit eines Ausfluges zu den Grotten von Aguzou, einem 1965 entdeckten Höhlensystem. Ab hier fließt die Aude durch eine zehn Kilometer lange Schlucht mit teilweise senkrechten Felswänden. Die Gorges de St. Georges bilden die schmalsten Stellen im Hochtal der Aude. In Axat treffen wir wieder auf die N 117, die zurück nach Perpignan führt.

Die Route ist nicht zu unterschätzen. Der ständige Wechsel zwischen Tal- und Hochgebirgsstrecken sowie die zahlreichen Kurvenfahrten sind anstrengend. Auch die Wetterverhältnisse in den verschiedenen Regionen können häufig sehr unterschiedlich sein. Alles gute Gründe für eine erholsame Übernachtung unterwegs.

Auskunft

Perpignan:
Office de Tourisme
place Lanoux
Tel. 04 68 66 30 30

Quillan: Office de Tourisme
place Gare
Tel. 04 68 20 08 65

Foix: Office de Tourisme
45, cours G. Fauré
Tel. 05 61 65 12 12

Ax-les-Thermes:
Office de Tourisme
place du Breilh
Tel. 05 61 64 60 60

Bourg-Madame:
Syndicat d'initiative
place de Catalogne
Tel. 04 68 04 55 35

Mont-Louis:
Office de Tourisme
rue du Marché
Tel. 04 68 04 21 97

Service-Stationen

Foix: Scala, ZUP de Labarre
Tel. 05 61 02 74 44 (evtl. Markenwerkstatt erfragen)

Perpignan:
Garage Alart (BMW)
20, avenue de Grande-Bretagne
Tel. 04 68 34 07 83

Übernachtungen

Hotel Pyrénées
Perpignan
122, av. Torcatis
Tel. 04 68 61 19 66

Hotel Lons, Foix
6, place Duthil
Tel. 05 61 65 52 44

Hotel Canal
Quillan
36, bd. Charles-de-Gaulle
Tel. 04 68 20 08 62

Hotel Castelet
Ax-les-Thermes (im Norden der Stadt)
Tel. 05 61 64 05 93

Hotel Celisol
Bourg-Madame
Tel. 04 68 04 53 70

Hotel Corrieu
Mont-Louis
Tel. 04 68 04 22 04

Wetter

Diese Route ist nur während der Sommermonate zu empfehlen. Zahlreiche aufgeführte Höhenstrecken und Pässe sind ab Frühherbst gesperrt oder zumindest nicht schneesicher.

Hinweise und Tipps für Motorradtouren in Südfrankreich

Auswahl regelmäßiger Märkte in Südfrankreich
Montag: Bollène, Cavaillon, Nîmes
Dienstag: Aix-en-Provence (Flohmarkt), Fayence, St. Tropez, Tarascon, Vaison-la-Romaine
Mittwoch: Castellane, Cogolin, Fréjus, Draguignan, Montpellier, Nîmes (Trödelmarkt 1 x im Monat), St. Paul-Trois-Châteaux
Donnerstag: Aix-en-Provence (Flohmarkt), Fayence, Grimaud, Orange, Roussillon
Freitag: Carpentras
Samstag: Aix-en-Provence (Flohmarkt), Arles, Apt, Cogolin, Draguignan, Fréjus, Manosque, Montpellier, Pont-St. Esprit, St. Tropez, Villeneuve-les-Avignon
Sonntag: Avignon, Montpellier
Täglich: Aix-en-Provence, Marseille, Toulon

Themenmärkte in der Hochprovence
Cogolin: Provenzalischer Markt am 8. und 9. September
Collobrières: St. Martins-Markt am Montag nach dem 11. November
Draguignan: Olivenmarkt vom 2. bis 10. Juli
Fréjus: Knoblauchmarkt am 6. Oktober
La Garde-Freinet: Töpfermarkt am 28. August
Grimaud: Wollmarkt an Himmelfahrt
St. Tropez: St. Anna-Markt am 26. Juli

Regelmäßige Sportereignisse in der Küstenregion:
- Ende Januar: Rallye Monte Carlo
- 2. oder 3. Aprilwochenende: Off-Shore-Rennen in St. Tropez
- Wochenende an Himmelfahrt: Formel-I-Rennen in Monaco
- Letztes Maiwochenende: LKW-Grand-Prix auf der Rennstrecke von Le Castellet (mit Dragster-Vorführung)
- 3. September-Wochenende: Motorrad-Grand-Prix Bol d'Or, Le Castellet
- 1. Oktober-Wochenende: Segelregatta La Nioulargue, St. Tropez
- Mitte Oktober am Wochenende: Mountainbike-Meisterschaft Roc'Azur in Ramatuelle

Verkehrsregeln
Grundsätzlich gelten in Frankreich weitgehend dieselben Verkehrsregeln wie in Deutschland. Allerdings gibt es einige Ausnahmen, beispielsweise hat der Kreisverkehr nicht immer Vorfahrt! Außerdem gelten in Frankreich folgende Geschwindigkeitsbegrenzungen:
- Innerhalb geschlossener Ortschaften 60 km/h
- Auf Landstraßen 90 km/h
- Auf vierspurigen Schnellstraßen 110 km/h
- Auf Autobahnen 130 km/h
- Bei Niederschlägen 110 km/h

Diese Limits innerstädtisch nur unwesentlich, auf Autobahnen um mehr als

Geschwindigkeitsgrenzen zu überschreiten ist in Frankreich eine teure Angelegenheit!

20 km/h zu überschreiten, kann teuer werden, wobei Ausländer in der Regel erheblich tiefer in die Tasche greifen müssen. In einigen Fällen kassierte die Gendarmerie bis zu 3000 Francs (ca. 800.- DM), bar auf die Hand oder per Kreditkarte, an Ort und Stelle. A propos Gendarmerie: Sie unterscheidet sich erheblich von der deutschen Polizei. Zunächst einmal darf sie buchstäblich alles, auch das Fahrzeug ohne weitere Begründung beschlagnahmen. Einspruch ist bis zur richterlichen Vernehmung („procés verbal“) zwecklos.
Während die örtliche Polizei („police municipal“) vornehmlich für den ruhenden Verkehr zuständig ist, regelt die Gendarmerie den rollenden Verkehr. Die Gendarmen sind dabei diszipliniert bis in die Knochen und dulden nur ungern Widerspruch, was ihrem Status als militärische, dem Pariser Verteidigungsminister unterstellte Truppe entspricht. Noch schärfer ist die CRS, die Eingreiftruppe des Innenministeriums, die gelegentlich die Gendarmerie unterstützt.
Die in Deutschland verbreitete Unsitte, mit dem Motorrad durch Radarfallen mit der Überlegung zu flitzen, Fahrer und Nummernschild könnten auf dem Radarfoto ohnehin nicht entziffert werden, verfängt in Frankreich nicht. Radarposten werden hier regelmäßig durch zwei Gendarmen auf Motorrädern verstärkt, die jeden Temposünder unverzüglich verfolgen und stoppen. Auf ein Rennen mit diesen „Motards“ sollte man sich nicht einlassen: Sie können fahren!
Übrigens gelten die strengen Vorschriften auch für die Helmpflicht. Die Benzinpreise sind in Frankreich um etwa ein Viertel höher als in Deutschland.

Wetter

Das Frühjahr läutet in Südfrankreich bereits den Beginn der warmen Jahreszeit ein, denn Ende Februar klettert das Thermometer gar nicht selten

auf über 25 Grad. Doch dann, ganz plötzlich, von einer Sekunde zur nächsten, beginnt er zu toben, der kalte Mistral mit Temperaturstürzen von bis zu zehn Grad – vom Gegenwind ganz abgesehen.
Der Sommer ist alles andere als wohlig warm. Die Hitze bricht aus und scheint um die Mittagszeit alles Leben zu lähmen. Auf dem Motorrad droht bei zunehmender Entblößung neben dem Sonnen- auch noch der Windbrand.
Der Herbst verharrt meist unschlüssig vor der Entscheidung, in die kalte Jahreszeit einzutreten. Die Tage sind bis weit in den Oktober angenehm mild, die Nächte freilich bereits beißend kalt.
Der Winter als milde Jahreszeit des Südens ist ein schönes Märchen. Erträglicher und trockener als im Norden, verlangt er warme Kleidung, auch wenn der Mistral nicht im Spiel ist. Dreimal während der letzten zwanzig Jahre kam der Verkehr sogar auf den südlichen Autobahnen wegen heftiger Schneefälle zum Erliegen.

Nationales Wettertelefon:
Tel. 08 36 65 12 34

Regionale Wetterauskunft:
Alpes de Haute-Provence: Tel. 08 36 68 02 04
Alpes maritimes (Nizza): Tel. 08 36 68 02 06
Bouches-du-Rhone: Tel. 08 36 68 02 13
Drome: Tel. 08 36 68 02 26
Gard: Tel. 08 36 68 02 30
Hautes-Alpes: Tel. 08 36 68 02 05
Var: Tel. 08 36 68 02 83
Vaucluse: Tel. 08 36 68 02 84

Der Werkzeugkasten für die Reise:
- Kleine Dose mit Motorenöl
- Jeweils ein Kupplungs- und Gaszug
- Kettenfett
* Ersatzzündschlüssel
- Ein kompletter Satz Schraubenschlüssel
- Ersatzglühbirnen sowie Sicherungen
- Material für Reifenpanne inkl. Gaskartusche
- Technische Anleitung des Fahrzeugs

Kontrollen vor Reisebeginn
- Zustand der Bremsbeläge prüfen
- Bremsflüssigkeit prüfen
- Ggf. Kühlflüssigkeit prüfen
- Reifendruck und -zustand prüfen
- Zustand der Batterie prüfen
- Kette fetten und spannen
- Gas- und Kupplungszug fetten

Orts-register